サッカー

3バック戦術アナライズ

異端の戦術がもたらすイノベーション

西部 謙司

KANZEN

装丁　ゴトウアキヒロ（フライングダッチマン）

サッカー

3バック戦術アナライズ

異端の戦術がもたらすイノベーション

西部 謙司

サッカー 3バック戦術アナライズ

異端の戦術がもたらすイノベーション

［目次］

はじめに

なぜ「3バック」なのか？

3バックをテーマに本を書いてほしい。担当編集者のMさんから言われたとき、「なんで3バックなんだろう？」と思った。そんなに「3バック」に関心のある人がいるのだろうか。

「いると思います」

Mさんにはそう言われたが、正直ピンとこなかった。ただ、3バックに関心のある人がいることは何となく感じてはいたのだ。しかし、それがなぜかはわからなかった。サッカー好きの中に「3バック好き」がいる。それを感じることはあっても、その理由がよくわからなかったのは、自分自身がまったく「3バック好き」ではなかったからだろうか。

僕がサッカー雑誌の編集者として仕事を始めた1990年は、いわば3バックの当たり年だった。

夏にイタリアで開催されたワールドカップは西ドイツが優勝。フランツ・ベッケンバウアー監督の率いる西ドイツは3－5－2システムの模範のようなチームだった。その西ドイツと準決勝で対戦し、PK戦までもつれ込んだイングランドは大会中に4－4－2から

3-5-2に変更している。3バックは流行のシステムだった。そして、個人的にこのイタリアW杯ほど印象の薄い大会もなかった。

どのチームも過剰に守備的だった。長くW杯を取材しているベテラン記者は「こんなに守備的な大会はない」と言っていたし、たぶん現在の若手記者が見ても「ひどくつまらない」と思うに違いない。いま振り返ってみると、世界のサッカーが出口を見失いかけていた時期だった。それ以前から守備重視でリスクをとらないサッカーは横行していたし、その傾向は拡大の一途をたどっていたのだが、イタリアW杯はどうやらそのピークだったようなのだ。

3バックを有名にしたのは1984年のヨーロッパ選手権で注目されたデンマークである。ドイツ人のゼップ・ピオンテック監督に率いられ、モアテン・オルセン、エルケーア・ラルセン、ミカエル・ラウドルップといった才能溢れる選手たちを擁したチームは〝ダニッシュ・ダイナマイト〟と呼ばれた。このときの3-5-2は決して守備的でも退屈でもなく、新鮮でスペクタクルなプレーを展開していたのだ。ところが、3バックシステムの印象はどんどん色あせていった。実質的には5バックになり、ただただ用心に用心を重ねたようなサッカーのための道具と化していった。

そして迎えた90年イタリア大会、平均得点は2・21と史上最低記録を更新、史上最多の

16枚に及ぶイエローカード、決勝戦で初のレッドカード…退屈な試合の連続の果ては、英国のベテラン記者ブライアン・グランヴィルをして「史上最も退屈にして荒んだ試合」と言わせたファイナル。何とも救いのない結末であった。優勝した西ドイツは攻守のバランスに優れ、少なくともこの大会での強さは盤石だった。僅差のスコアで勝ち上がっているが、ほぼ負ける心配のない安定感があった。ただ、それ以上のものでもなかった。準優勝のアルゼンチンは満身創痍のディエゴ・マラドーナを中心とした悲壮なまでの奮闘ぶりは感動的だったものの、チームとしてみれば醜悪といっていいぐらいで、こちらも自国民以外には共感をもたらさないであろうプレーぶり。カメルーンの活躍やコロンビアの異端ぶりは話題になったが、全体的には低調の一語に尽きてしまうような、砂を噛むような味わいのW杯だった。

3バックが悪いわけではない。けれども、僕の3バックに対する印象は極めてネガティブなものになってしまった。

90年代のはじめは、ドイツを代表とする3-5-2か、ACミランを筆頭とするプレッシング戦法の4-4-2か、2つのシステムに分かれていた時期である。日本も同じような状況で、Jリーグが開幕した93年にはすでに3バックはよく知られたシステムだった。94年のチャンピオンシップは、スチュワート・バクスター監督の率いるサンフレッチェ広島が4―4―2、ネルシーニョ監督のヴェルディ川崎が3―5―2と、当時を代表する2つのシステムの対決でもあった。その後は、鹿島アントラーズも一時3バックを使っていたし、〝N―BOX〟と呼ばれた特異なシステムのジュビロ磐田も3バックだった。Jリーグでは90年代の半ばには3バックは一般的なシステムになっている。

Mさんが熱心にJリーグを見るようになったこのころだというから、ちょうど3バック全盛期に重なっている。だからそんなに悪い印象はないようで、むしろ慣れ親しんだ3バックが最近下火になっているのを残念に思っていたのかもしれない。

3バックに意外な人気があるとすれば、おそらくそれは「普通」でないからだろう。現在の主流は4バックである。また少し3バックのチームも増えてきているが、多数派は4バックだ。それをわざわざ確立された4バックではなく、1人減らして3バックというところに何らかの企みを嗅ぎつけるからではないだろうか。

実は3バックにも2通りある。3バックの多数派は3―5―2だった。容易に5―3―2に変化する安定感のある（退屈な、と言いたいけど我慢しよう）システムである。もう1つの3バックは3―4―3、こちらはアヤックス、バルセロナが用いたことで有名になった。戦術的に兄弟といっていいアヤックスとバルセロナは大成功を収めている。かたや〝マイティ・アヤックス〟、かたや〝ドリームチーム〟。とても攻撃的で斬新で、華やかなプレーぶりだった。もっともこちらは少数派、というよりアヤックスとバルセロナ、あとはオランダ代表ぐらいしか3－4－3のチームは記憶にない。少数派というより絶滅危惧種だった。

幸いなことに、アヤックスとバルセロナのDNAは紆余曲折を経ながらも現在まで絶滅せずに受け継がれている。それどころか、現代のサッカーにいろいろな影響を与えている。バルセロナから〝のれん分け〟した形で、ジョゼップ・グアルディオラ監督がバイエルン・ミュンヘンを仲間入りさせた。アヤックスともバルセロナとも関係のないところで、マルセロ・ビエルサという〝変人〟もせっせと種を蒔いている。さほど拡大はしそうにないが、種の保存は心配なさそうだ。

こちらの派閥は確かに普通ではない。とても有名だが、極めつけの少数派だから何かと謎を残したままだ。普通のサッカーに慣れ親しんだ目でみると、その考え方、アプローチ、約束事は何かと違っている。その異端ぶりが、また魅力的でもありミステリアスでもあるわけだ。もっとも少数派閥の人々からすれば「こっちのほうが本物のサッカーだ」と言うかもしれないが。

3バック好きの真意がノスタルジーなのか好奇心かは計りかねるが、とりあえず好奇心を優先させることにした。3バックの伝道師（？）、ビエルサ監督の率いるマルセイユから3バック探訪の旅をはじめたい。

Chapter 1

3バックの夢

教授とマフィア

「マフィアのチームだね」

オランピック・ドゥ・マルセイユについて聞くと、ジョルジュはそう答えた。ついでに、この街も「マフィアの街」だそうだ。

「昔からそうだし、今もそうだよ。イタリアのマフィアだね。日本語だとなんだっけ、あれだよ、YAKUZA。ちなみにオレもイタリア系」

ジョルジュの仕事はタクシーの運転手だ。彼の話ではタクシー業界と売春業界はつながっているらしく、どちらも元締めが一緒なのだそうだ。マルセイユのメインストリートの1つであるサカキニには、かつてずらりと売春婦が立ち並び、タクシー・ドライバーは仕事のついでに集金もしていたという。

「表立って言える話じゃないけどね」

表じゃないからオーケーなのか、ジョルジュのマフィア関連話は尽きなかった。パリジャンに言わせるとマルセイユの男は嘘つきだが、調子のいいイタリア系ドライバー27歳の話は、嘘というより法螺のほうが合っているかもしれない。1年に300日も晴れている街なんだなと、ふと思った。法螺話が暗くない。上蓋がスコンと抜けて、青空が見えているような話し方だった。法螺くさい話を遮ってOM（オランピック・ドゥ・マルセイユの略）の話題をふると、ちょっと意外な反応が返ってくる。

「オレは嫌いだね。皆、嫌いだと思うよ」

おい、待て。マルセイユはサッカーの首都で、OMは特別だとさっき言ってなかったか？

「勝てねえからさ。もうずーっとトロフィーを獲ってない。だから嫌いなんだ。OMがパリ・サンジェルマンと試合するなら、オレはパリを応援する。オレの仲間もパリを応援している」

なんだそれ、嫌がらせみたいなものか。それにしてもPG（パリ・サンジェルマンの略。発音はペー・ジェー）を応援するなんて酷い話だ。OMとPGは、いってみれば不倶戴天の間柄である。両者の直接対決はナショナル・ダービーでクラシコだ。スペインならレアル・マドリーとバルセロナ、ドイツなら今はバイエルン・ミュンヘンとボルシア・ドルトムント。だが、フランスのナショナル・ダービーはそう呼ぶにはどちらもイマイチ強くない時期もあり、ル・クラシックとは名ばかりの感もある。ただ、対抗心は強烈だ。健全なライバル心は薄く、憎悪が表立っているのが特徴といえる。

05－06シーズンのル・クラシックは、セキュリティの都合からホームのPGがアウェー席チケットの販売制限をかけたため、これに反発したOMがパリに2軍を送り込むという事件が起きている。まるで子供の喧嘩だ。しかし、この件などはまだマシなほうで、手製のロケット弾が撃ち込まれたこともあったし、座席を破壊してフィールドに投げ込んだり、死者が出たこともある。フランスのナショナル・ダービーは、フィールドの中よりも外のほうが激しく、陰険で、憎悪の感情が表立っている点で、他国とは悪い意味で一線を画しているのだ。

ＯＭファンにとっては、ＰＧを応援するなど〝あるまじきこと〟だと思っていた。しかし、27歳イタリア系タクシー運転手は、タイトルを獲れないＯＭに愛想が尽きているから腹いせにライバルを応援するのだと言う。

「じゃあ、もしリーグタイトルを獲ったら、またＯＭを応援するの？」

「そういうこと！」

そうなのか（笑）。彼の友人の1人は有名な「ヤンキー」というグループのリーダーだが、そういうコアなサポーターでもそんな感じなんだろうか。

「勝てないチームなんて全然ダメだね。トロフィーを獲らなきゃダメ。何だっていいんだよ、リーグでもＣＬでもカップ戦でも何でもいい。とにかく優勝しないとダメだね。今季はいまのところ首位だけど、いま首位だなんて何の価値もない。終わったときにどこにいるかさ」

とにかく一番じゃなければダメだということらしい。まあ、彼の個人的な見解にすぎないわけで、ＯＭファンが皆そうかどうかは何ともいえないが、それでも正直意外だった。

〈オレのチームだ！〉

もう15年も前、あるカフェのギャルソンにそう言われたのを覚えている。魚のスープを飲んでいるとき、テーブルに放り出してあったノートにはOMのロゴが付いていた。オフィシャルショップかどこかで買ったものだった。それを目にしたギャルソンが、出し抜けに〈オレのチーム〉だと言った。歌まで歌い出した。

ここは違うんだなと、そのときに思ったものだ。

少なくともパリでこんな反応はない。パリに暮らしていたとき、PGのロゴの入ったジャンパーを愛用していたのだが、それを見て「いいね！」と親指を立てる人はたまにいたものの、マルセイユのギャルソンのような反応をした人はいなかった。客の持ち物に贔屓チームのロゴが付いているだけで、いきなりテンションが上がる人は。オレのチーム、オレのノート！（じゃないよ、ノートはオレのだから）、そんな人はマルセイユだけだった。

特別なチームなのだと、そのときに理解した。他のチームとは何かが違う、街での立場がパリ・サンジェルマンはもちろん、他の多くのチームとは何かが決定的に違うのだと。だから、いくら負けようがOMを我がチームとして応援し続けるのかと思っていたのだが、どうもそうではないようなのだ。

勝てないならライバルチームを応援する、タイトル獲れたら応援してやるよ。本当にそんな感じなの？

「うん、まあ女と似てるな。ヤッたあとは機嫌がいいだろ？　トロフィー獲ったらオレらも機嫌が治るわけさ」

この後、ジョルジュの話は再び売春婦のほうへ脱線していくのだが、ビエルサについては「いい監督だね」と言っていた。

「タイトル獲れなければダメだけどね」

マルセロ・ビエルサがOMと契約すると聞いたときは半信半疑だった。不似合いな縁談だと思ったからだ。だが、まもなく契約したというニュースが流れてきた。写真にはOMのオフィスとおぼしき場所にサインをしにきたビエルサが写っていて、その背後にはいかにもマフィアっぽい男が写り込んでいた。

ただ、アスレティック・ビルバオのときも「合わない」と思っていたのだ。フィジカルなプレースタイルのバスク人のチームに、緻密なビエルサのサッカーは相性が悪いのではないかと。フェルナンド・ジョレンテの頭めがけてロングボールを蹴り続けるようなサッカーは、あまりにもビエルサから遠い。ところが、ものの数週間でビエルサ監督は絶大な支持を受けるに至った。開幕直後は機能していなかったチームが、いったん軌道に乗ると素晴らしい勢いで勝ちだしたのだ。パフォーマンスも圧倒的で、アスレティック・ビルバオのイメージを一新したといっていい。

ビルバオでの2シーズン、ビエルサは何のタイトルも獲れなかったが、彼の指導の下で選手は成長し、何人かはスペイン代表に選出された。ELではマンチェスター・ユナイテッドを粉砕して決勝まで進み、リーガ・エスパニョーラでもホームのサン・マメスで全盛期のバルセロナと一歩も譲らぬ戦いぶりで敵将グアルディオラをも感動させた。アスレティックは失いかけていた自信を取り戻し、ビルバオの人々の心には確かに何かが刻み込まれた。

バスク人のクラブからマフィアのクラブに来ても、ビエルサの率いるチームは同じだ。一定の時間が経過すると勝ち始め、バルセロナもレアル・マドリーもいないリーグでは首位に立てた。そしてビルバオでそうだったように、マルセイユでも〝ビエルサ現象〟がすでに起きていた。

スタッド・ヴェロドローム近くのスポーツショップには、眼鏡をかけたビエルサのポスターがいくつも貼られていた。OMを語るには、まずビエルサから。テレビでもOMを取り上げるときは必ずビエルサがセットだ。トーク番組のゲストで出演していたエリック・カントナへの最初の質問もビエルサに関することだった。ちなみにカントナは「ビエルサのファン」だそうだ。

「ビエルサとモウリーニョは大好きだ。彼らには大いなる個性があるからだ」

ちなみに、カントナに気に入られているビエルサとジョゼ・モウリーニョには「大いなる個性」のほかにあまり共通点はない。OMファンの中には、「モウリーニョなんかと一緒にするな」という反応もあった。モウリーニョはたたき上げの強さ、したたかさを前面に押し出している勝負師だ。ビエルサも勝負の世界に生きる人間だが、どちらといえば教授という雰囲気である。それもマッド・サイエンティスト的な。

〝プロフェッサー〟ビエルサは相変わらずのようだ。

ビエルサが小さな紙切れを手に練習場に現れるまで、彼の忠実なスタッフはあれこれの道具を設置するのに大忙しである。色とりどりのパイロン、芝生に貼られる白いテープ、容赦なく突き立てられる大小のポール、やけに小さなゴール、人型をした鉄製の何か、それとは別に空気を入れて膨らませる人形（こちらはちょっと情けない顔も描かれている）。こうした道具の数々がすべて設置されると、フィールドにはナスカの地上絵のような不思議な図形が表れる。

OMのトレーニングは完全非公開なので、ここでは独特のトレーニングもヴェールに包まれたままだ。ただ、公式ウェブサイトにときどき練習風景がアップされているので、たぶんビルバオのときと同じなのだとわかる。道具も同じなら、やっている練習も同じ。違うのは、ブラジャーみたいなやけに短いビブスが道具に加わったぐらいだろうか。

ビエルサの練習はほとんど相手選手をつけない。ビルバオのトレーニングを見に行ったときには紅白戦もやっていたが、地元の記者は極めて珍しいと言っていた。練習メニューのほとんどはドリル形式で、選手たちの相手は旗竿や人形である。練習の内容は多岐にわたり、中には目的がよくわからない謎のトレーニングもあるのだが、もちろんちゃんとした意図はあるのだろう。

クロスボールの練習を例にあげると、クロスを入れるまでの設定と蹴る位置をいちいち変える。ワンタッチのパスワークからゴールライン際まで食い込んでプルバックを狙うかと思えば、次は斜めからのハイクロス、ゴール前に置かれている敵味方を想定した人形やポールの類はそのたびに置き換えられる。1つのパターンにかける時間は5分ほどなので、道具係のスタッフは大忙しだった。状況によって相手DFのポジションは変わる、それに応じてクロスボールを入れる場所も変わり、ゴール前に走り込んでシュートを狙う選手の動き方も違っていた。

「サッカーは125通りしかない」

かつてビエルサは親しい友人にそう言ったそうだ。

「どうしても126番目が見つからない」

最初はフォーメーションのことかと思ったが、それにしては数が多すぎる。おそらくゲームを構成している要素が125あるということなのだろう。クロスボールならプルバックで1つ、斜めからのハイクロスで1つというふうに、ゲームで起こりうるプレーを細分化すると125の要素があって、トレーニングではその1つ1つを再現しているのだ。練習で相手をつけなかったり、めったに紅白戦をしないのは、125のメニューをこなすためには効率が悪いからだろう。

全習法か分習法かでいえば、完全に分習法だ。ただ、1つ1つのメニューには時間をかけない。5分もやれば別の練習へ移行してしまう。できてもできなくても、一定の回数以上はやらなかった。例えば、90分間の紅白戦なら1回あるだけの状況を取り出して、トレーニングでは5回やる。紅白戦なら特定の選手が1回しか経験しない状況を、何人かの選手に5回経験させる。どうプレーすべきかを明確に示すとともに精度アップを図る。ただし、そればかりに時間をとられると全体の進行が遅れてしまうので長い時間はやらない。そうやって125あるディテールをこなし、それが何周かした時点で全体のレベルが上がっていく。どうもそういうやり方のようだ。

最初は部分しかわからないので全体像がつかめない。選手も不安に違いない。ポジションが違うと練習するフィールドが違うことさえあるので、チームメイトがどんな練習をしたのかも把握できない。しかし、そうやって細部が積み上がって全体に近づくと、その時点でチームのパフォーマンスが飛躍的に進化する。そのころになって、人々はビエルサの〝マジック〟に気づき始めるわけだ。ただ、〝エル・マヒコ〟の魔法は1シーズンもたない。

決勝に進んだELとコパデルレイ、アスレティック・ビルバオはどちらも勝てていない。E

Lではアトレティコ・マドリーに、コパデルレイはバルセロナに敗れている。ビエルサのチームは、どんな強力な相手をも粉砕する力を秘めていた。しかし一方で、そのパワーに自分たちが耐えきれなくなってしまう。開幕ダッシュに失敗した後、しばらくすると一気に上り調子になり、期待感は膨らみ続けるが、終盤に息切れする。マルセイユでも途中までのシナリオはビルバオ時代と全く同じだ。

フロントと上手くやっていけないのも同じ。アスレティック・ビルバオのときは、約束していた練習場の改修が大幅に遅れたことが原因だった。練習グラウンドはビエルサにとって命であり、クラブ側の言い訳をいっさい認めなかった。一時は辞任も口にしていたほどで、ビエルサの怒りと失望は周囲を戸惑わせた。この一件で会長との信頼関係が崩れ、それがその後の不調とビエルサ辞任の引き金になっている。

OMでも、開幕直後に会長を批判した。

「会長は守る気のない約束をした。私は12の提案をしたのに、1つもかなえてくれなかった」

OMは財政難に陥っている。それはビエルサも知っているに違いない。それでも約束を守らなかったことが許せないのだ。文字通り全身全霊を傾けて仕事をするビエルサは、会長であれ工事業者であれ誰であれ、いい加減な仕事をした者を容赦しない。

「思い描いていたものと現実は違っていた。前向きにチャレンジを続けるけれども、クラブのやり方には落胆している」

ビエルサはダメだからダメだと言っているだけだ。うつむき加減のぼそぼそとした喋り方だけれども、事実を隠すことはしない。会長でも遠慮はない。約束は守られなかった、だから落胆している、以上。その後、ビエルサは与えられた選手たちとトレーニングを続けてリーグ首位に立ったのだから、「前向きなチャレンジ」を続けたのだろう。だが、もしもう一度移籍について聞かれれば、やはり「落胆している」と言うのではないか。状況や立場で発言を変えるタイプではないからだ。だが、クラブ側はどうだろうか。成績が良いうちはビエルサの発言を大目にみても、負け始めればきっとそうはいかない。

なぜ、〝エル・ロコ〟と呼ばれるのか？　この質問にビエルサはこう答えている。

「私の選ぶ答えが、皆と違っているからでしょう」

会長が約束を守らなかった。その事実を公言するという選択は、確かに皆とは違っていると思う。

オシムの記憶

2010年の南アフリカW杯が終わった後、日本サッカー協会の原博実技術委員長は新たな日本代表監督の選定を行い、マルセロ・ビエルサは候補の1人だった。

結局ビエルサは候補から外れ、最終的にアルベルト・ザッケローニと契約するわけだが、ビエルサではあまりにも扱いずらいと判断したのだろう。公式記者会見しかメディア対応はしないし、スポンサー対応もやりそうにない。不満があれば、協会に不都合なことでもメディアに正直に話してしまうだろう。会長批判も躊躇しない。そもそも金では動かないビエルサに、日本に来る動機があるかどうかもわからない。

変人ぶりで知られるビエルサでは日本代表監督は難しかっただろうが、実はよく似た監督を過去に協会は雇っている。イビチャ・オシムはビエルサにとても似ている。

オシムはビエルサほどではないが、やはり変わっていた。この2人は、ある意味あまりにもマトモすぎて変人扱いになっているわけだが、サッカーへの取り組み方が熱心すぎるところがまずよく似ている。ビエルサより14歳上のオシムは、パソコンを駆使して集めた映像を編集することはなかったが、どんな試合もよく見ていた。ほぼ対人練習ばかりなのはビエルサと正反対のようで、緻密さは共通していた。何より、彼らの率いたチームのプレーぶりがそっくりなのだ。

まず、守備はマンツーマン。日本代表監督としてアジアカップに参戦したときはゾーンだったが、ジェフユナイテッド市原・千葉を率いていたときのオシム監督はマンツーマン方式だった。チャレンジ&カバーではなく、チャレンジ&チャレンジ。パスの受け手をつかまえきってしまうことで守備の強度を上げていた。

正確を期せば、オシムもビエルサも完全なマンツーマンではない。マンツーマンの定義にもよるが、部分的にはマークの受け渡しを行っている。この件については後述するが、まあ見た目はいまどきこれかと思えるぐらいの守備戦術だった。

ボールを奪った後の切り替えの速さとダイナミズムも、オシムとビエルサの戦術的な共通項だ。現象としては、インナーラップが多用される。奪った瞬間、縦に走ってスペースをつくことが習慣づけられていて、結果としてサイドのスペースへのエネルギッシュなランニングが目立つ。縦へのランニングは縦への展開を引き出すだけでなく、鋭いランニングによって生まれる新たなスペースを使うこともトレーニングで意識づけられていた。

オシムのサッカーは「走るサッカー」と呼ばれたが、本当は「考えて走るサッカー」である。というよりも、そもそも考えないで走るサッカーというものは存在しない。何のアイデアも目的もなしには走りようがないからだ。オシムが「走れ」と要求したのは、「考えろ」と言っているのと同じである。

なぜ止まっている？　動け！　で、何のために？　オシムのトレーニングは頭の体操でもあった。走らせることで考えさせた。

ビエルサの場合は、練習から動き方が決まってしまっている。答えは先に出してしまっていて、選手たちはそのとおりにやらなければならない。やってみて、それから効果を実感する。縦へ走る選手がいれば、隣の選手は逆方向へ動く。そして2秒後には、どちらも動きの方向を変える。練習では相手がプラスティックの棒だったりするので、いまいち実感がわかないに違いないが、試合になればそれがどんな効果を生むかを劇的に体験する。

ビエルサの下で見事に復活し、10試合10得点でフランス代表にも復帰したピエール＝アンドレ・ジニャックのコメントは、彼らの練習と試合の関係をよく示している。

「オレたちは週に4日、本当にハードなトレーニングをしている。本当だよ。だから週末の試合ではパーティーのように躍動できるのさ」

オシムとビエルサはどちらも天才的なトレーナーだ。選手を躍動させ、プレーに生命力を吹き込む。ダイナミックでひたむきなサッカーは観客の心を鷲づかみにする。ただ、どちらも意外とリーグタイトルを獲っていない。長いシーズンを戦い抜けずに消耗してしまうからだろうか。素晴らしいサッカーの代償として。彼らが理想とするサッカーにとって、1シーズンはたぶん少しだけ長すぎるのだ。

オシムとビエルサ、2人とも百戦錬磨の監督なのだが、どちらもピュアでシャイなところがあって、極めて厳格なのに他人への深い思いやりが滲み出てしまう。

オシムは試合当日ぎりぎりまでメンバーを決められず、徹夜でいつも赤い目をしていた。放出する選手も決められなかった。ビエルサはジニャックとブリス・ジャジェジェが味方同士で一悶着あった後、どちらにも罰を与えなかった。何らかのペナルティがあるのではないかと予想されていたのだが、

「私はこれまで一度も選手に懲罰を与えたことはありません」

味方同士のケンカはもちろん良くないことだと話していたが、選手を懲罰するという考えがそもそもないのだった。

オシムもビエルサも、人々にとって鏡のような存在なのかもしれない。彼らの責任感、情熱、善良さ、知性、思いやり、純粋さ、公正、勇敢さ…その前に立てば、さて自分はどうなのかと考えさせられてしまうような存在。タイトルを獲れても獲れなくても、彼らは尊敬され畏怖され、愛されもした。

だが、今回ビエルサが足を踏み入れたのは、マルセイユという特異な場所である。

マンツーマンなのか、そうでないのか

フランスリーグ1の12節、マルセイユはランスをホームのヴェロドロームに迎えた。

ここまでOMは8勝1分2敗で首位。2位のパリ・サンジェルマン（PG）がその前日のゲームで勝っていたので勝ち点差はわずか1ポイント。ただ、OMはランス戦に勝てば4ポイント差に広げて次節のPGとの決戦に臨める。

OMの特徴は何といっても11試合で25ゴールの攻撃力だ。開幕戦をバスティアと3－3で引き分け、2節はモンペリエに0－2で負け。例によってビエルサのチームはスタートダッシュが効かないのだが、3節からは破竹の8連勝だった。ただ、11節のリヨン戦で久々の敗北を喫し、リーグカップでもレンヌに負けていて、ランス戦は連敗の後に迎えた試金石の一戦だった。

さて、ここでようやく本書のテーマである3バックの話になる。

見に行ったランス戦では、ちょうどよく3バックでプレーしてくれた。相手が2トップだったからだ。ビエルサのチームは2バック（4バック）と3バックを使い分けていて、それは相手が1トップ（3トップ）か2トップかによる。マンマーク・ベースなので、相手のFWにプラス1人がDFの数になる。

ただ、完全にマンツーマンなのかというとそうでもない。マンマーク・〝ベース〟とぼかした書き方をしたのもそのせいである。

見た目は完全にマンマークだ。フィールド上にはきれいにカップルが出来上がっている。守るエリアを限定しておらず、要するにオールコートプレスなので、相手をつかまえきった段階でパスの届く先にはすべてプレスがかかる。今季の得点力アップの大きな理由が、このプレッシングにあるといっていいだろう。

かなり高い位置でボール奪取できるケースが多く、奪った後の切り替えも速い。プレスして奪い、間髪入れずに切り替えて、多彩なフリーランニングでスペースを作り、あっというまに攻め込む。失ったらまたプレス、その繰り返し。このプレーの強度に相手が耐えられなくなる。

しかし、完全にマンマークなのかというと実はそうではない。

まず、ランス戦のフォーメーションを確認しておこう（図1）。GKマンダンダ、DFは3バックで右からファンニ、ヌクル、ロマオ。この3バックの前にアンカーとしてイムビュラを置く。イムビュラの左右にはメンディとルミナ、トップ下にパイエ。FWはエースのジニャックがセンター、右にトヴァン、左にアユーである。並びは3－4－3、相手のランスが中盤をダイヤモンドに組む4－4－2なので、それに対応した形になっている。ジニャックだけが相手のセンターバック2人をみる形になるが、ほかはDFが1枚余るほかすべてマンマークだ。

ところが、例外のパートがある。

3バックとアンカーの計4人、この4人はマークの受け渡しをする。ここだけはゾーンなのだ。人につく形で守っているので、やはりゾーンというよりマンツーマンなのだが、マークの受け渡しは行っている。この4人以外はほとんど受け渡しをしない。最後部だけがゾーン的な

図1　マルセイユ vs ランス

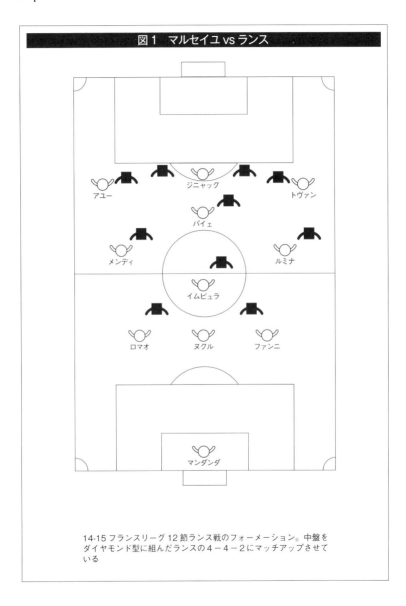

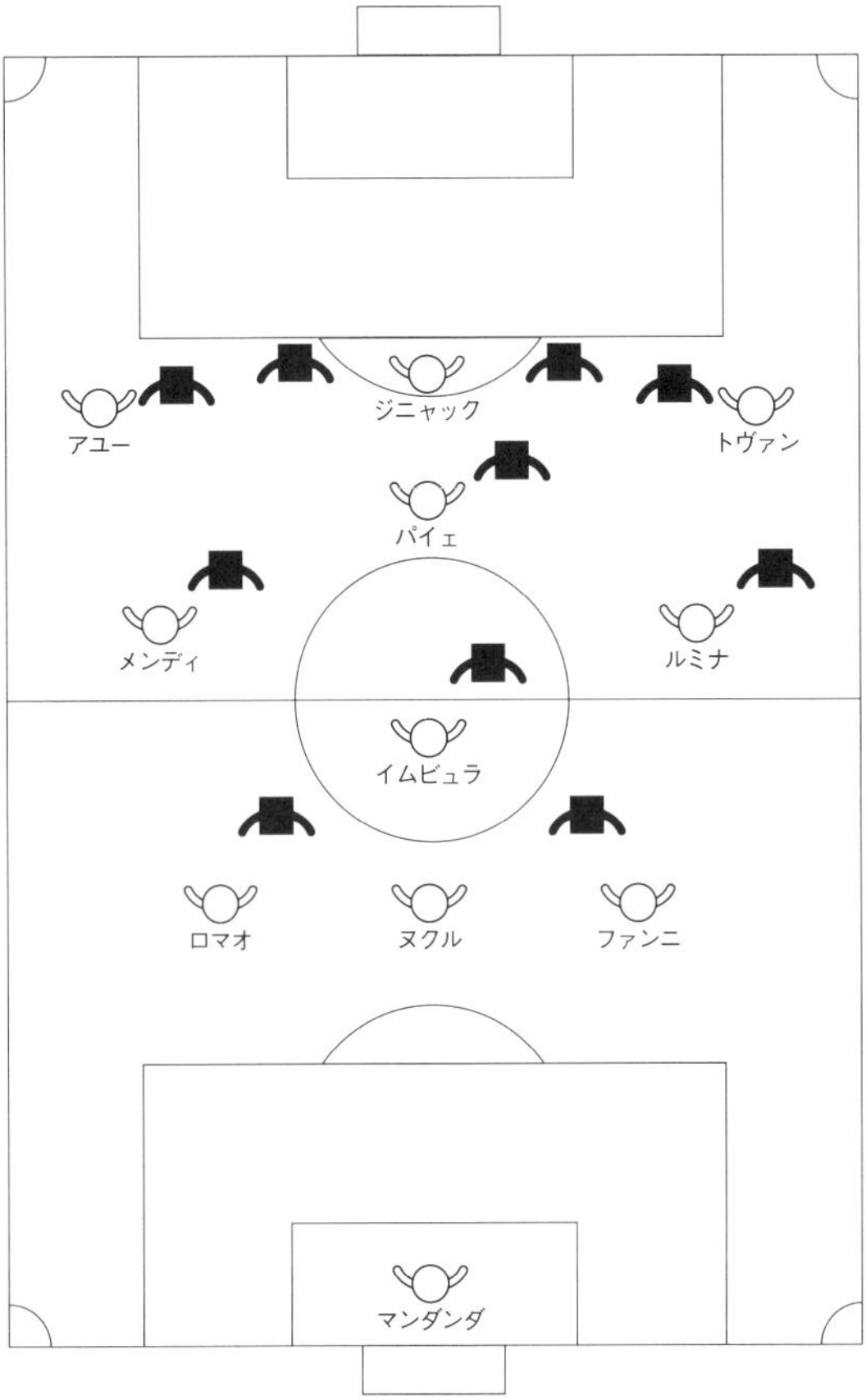

14-15 フランスリーグ 12 節ランス戦のフォーメーション。中盤をダイヤモンド型に組んだランスの4－4－2にマッチアップさせている

マンマークで、それより前が完全マンツーマンという組み合わせになっているのだ。

最後部のセットは人にはつくが受け渡しはする。対戦相手のランスは2トップ＋トップ下と前線が3人構成なので、最後部4人のOMは1枚余る形で守れる。ただ、トップ下が最前線へ走ったら、アンカーのイムビュラはマークを3バックに受け渡す（図2）。2トップが交差してサイドへ流れる場合も受け渡すことが多かった。たぶん、このほうが混乱せずに対応できるからだろう。

例えば、イムビュラがマークしているトップ下の選手が縦へ走ったとして、そのままマークした場合、3バック中央のヌクルとの2人で1人をマークするような格好になってしまう。ヌクルとイムビュラがポジションを入れ替えればすむが、それなら受け渡しても同じことなのだ。

ただし、縦の受け渡しにはデリケートなところがあって、裏のスペースを消したいときにはイムビュラがそのままマークして、ヌクルはさらに後退する。つまり、一時的に相手が3トップになったらOMはイムビュラが下がって4バックを形成することもあるわけだ。しかし、基本的にはイムビュラは3バックの手前のエリアから動かない。3バックが相手の3人と同数になっても、その手前のスペースを抑えたほうが安全であるケースが多いからだ。イムビュラがいることで、相手の前線3人へのパスコースのどれかを切ることができる。3つのパスコースのうち1つは通らないから、通らないコースにいる相手をマークしているDFはカバーリング

図2　マークの受け渡し

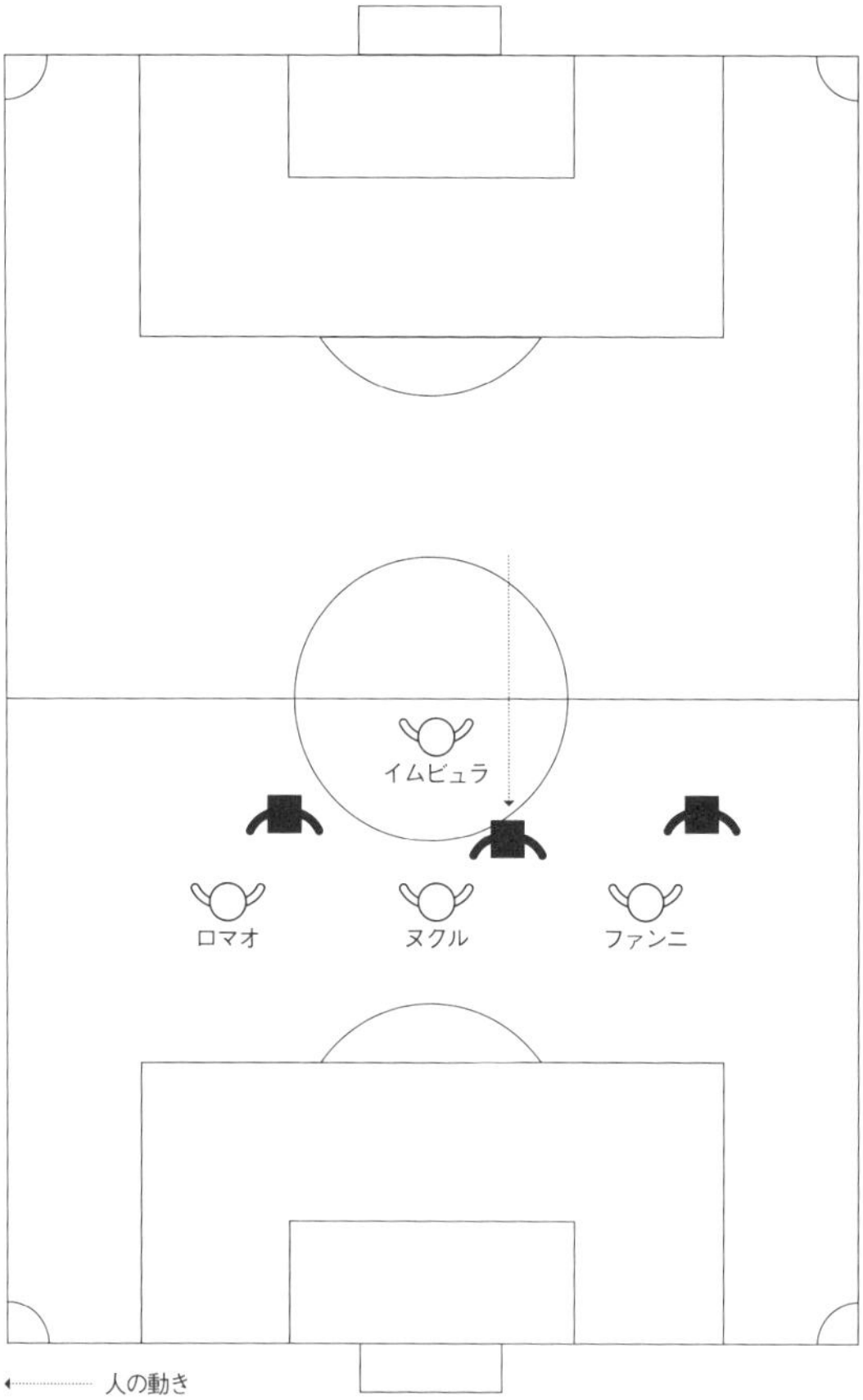

相手のトップ下が前方へ移動してもアンカーのイムビュラはその場に止まってヌクルにマークを受け渡す

を考えながらマークすればいい。３バックには見た目の数的優位はないものの、実質的には１人余るのに近くなる。

ビエルサ監督は、間違いなくこの最後部４人のセットに関しては入念に準備している。まあ、すべてに関して入念に準備する監督ではあるけれども、この４人の判断力とコンビネーションはとくに重要だろう。

この４人のセット以外は基本的にマンマークだが、実は人を決めてマークしているわけではない。

例えば、ＭＦ左のメンディは対面のブリジョーをマークしていた。プレーの流れの中で相手が別のスペースへ動いた場合はそのままついていくが（図３）、完全にポジションを入れ替えた場合は、新たに対面に来た選手をマークする（図４）。ブリジョーにメンディと決めているなら、ブリジョーが左サイドへポジションを移行すればメンディも右へポジションを変えるはずだがそうはしない。相手選手に合わせてマーク役を決めているのではなく、相手のフォーメーションに合わせているだけだからだ。

マンマークの定義が、誰が誰をマークするか決まっていることだとすれば、ＯＭの守備システムはマンマークではない。しかし、マッチアップしている選手をマークし、最後部の４人以外は受け渡しをしないので、見た目は完全にマンマークである。この守備をマンマークと書い

図3　受け渡さずマーク

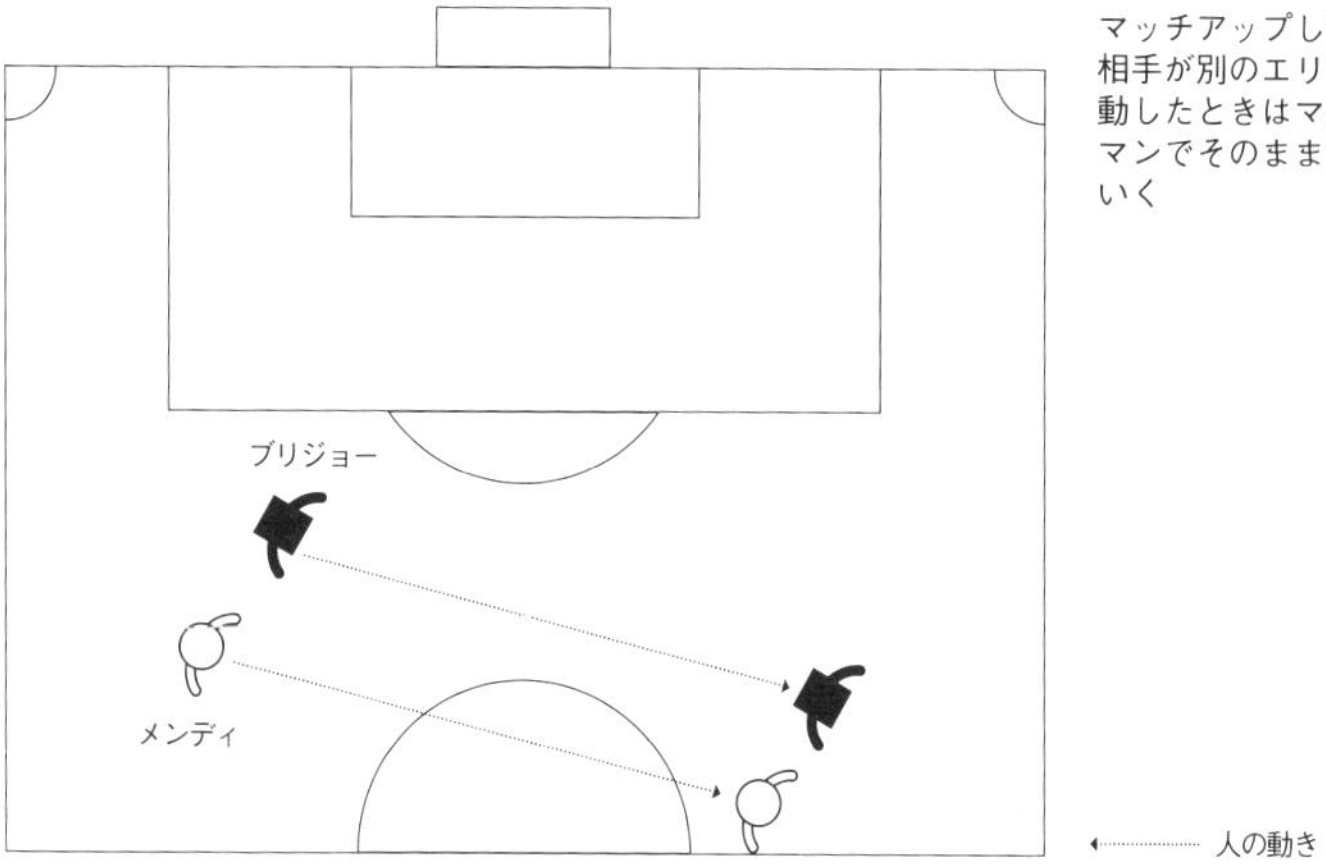

マッチアップしている相手が別のエリアへ移動したときはマンツーマンでそのままついていく

図4　相手がポジションを完全に入れ替えた場合

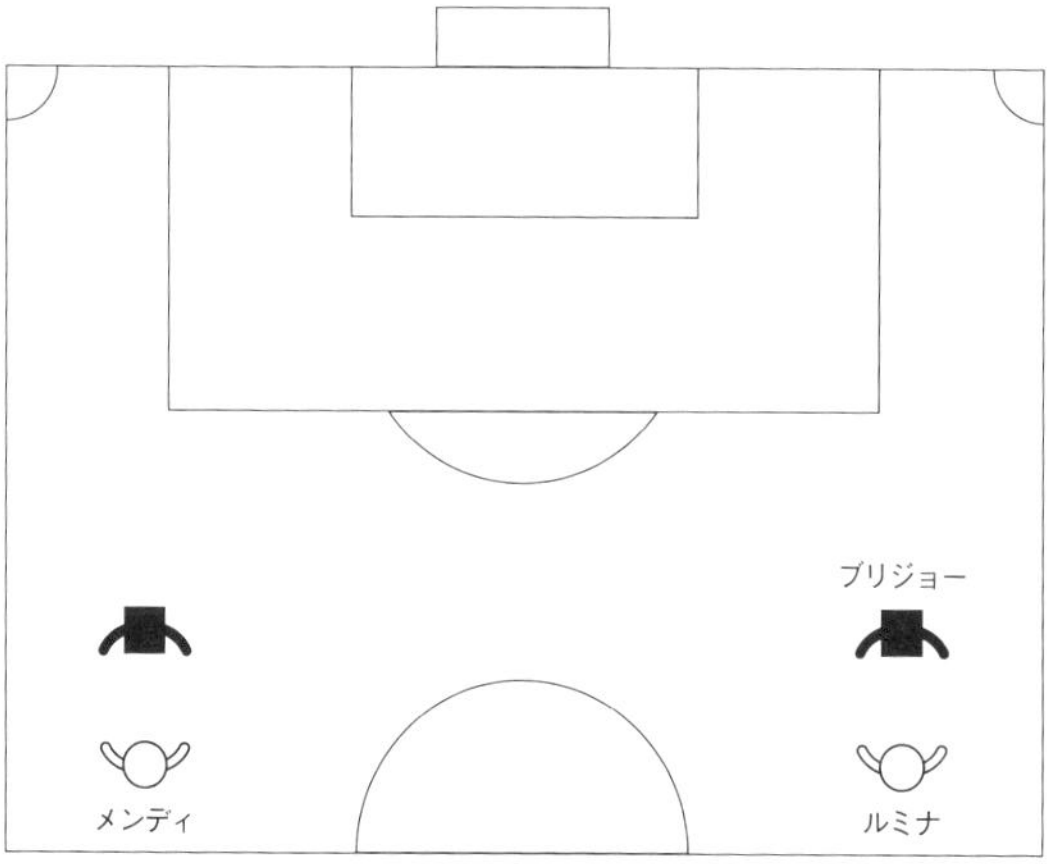

相手チームが選手交代などで新たな選手を投入し、ポジションが完全に入れ替わった場合には、自分のポジションの対面の相手をマークする

てしまっていいものどうか。とりあえずマンマーク・ベースとさせてもらったのはそういう理由である。

アヤックス、バルセロナ、オランダ

ビエルサの守備システムにはモデルがある。

守備だけでなく全体がそうなのだが、90年代の半ばにヨーロッパサッカーの頂点にいたアヤックスのやり方なのだ。ルイス・ファンハール監督が率いた当時のアヤックスに、ビエルサが傾倒していたのはよく知られている。

また、バルセロナもアヤックスと同じシステムを採用していた。ファンハールがアヤックスの監督になる前、ヨハン・クライフ監督がすでにこのシステムをアヤックスに導入していた。その後、クライフはバルセロナの監督に就任して〝ドリームチーム〟で同じやり方を続け、クライフが去ったアヤックスも継続していたわけだ。

92年のユーロではクライフの師匠であるリヌス・ミケルス監督が3－4－3を採用している。つまり、だいたい同じ時期にアヤックス、バルセロナ、オランダ代表と3つのモデルがあった。

ビエルサがニューウェルス（アルゼンチン）を率いていたとき、「この選手の動き方を参考にしてほしい」と、選手たちにビデオを見せた。映像の選手は見たこともないフィンランド人で、まだアヤックスの10番になる以前のヤリ・リトマネンだったという。ユーチューブもない時代に、どうやってそんな映像を入手したのかはよくわからないが、ビエルサは映像収集マニアとして知られている。おそらくアヤックスに傾倒していったのは、このあたりの時期なのだろう。

クライフがアヤックスで始めた3－4－3は、当時の3バックシステムの主流であった3－5－2とはかなり違っていた。そのメカニズムについてはここから説明していくが、大雑把にいえば3－4－3は非常に攻撃的で魅力的なところが、一般的な3－5－2との最大の違いだった。

「サッカーに攻撃的も守備的もあるものか」

ある記者会見でボラ・ミルティノビッチ監督はそう言っていたが、彼は正しい。「非常に攻撃的で魅力的」などという表現が陳腐なのは承知している。クライフの3－4－3もサッカーの「やり方」の1つであって、攻撃的＝善だというつもりもない。ただ、それをどう形容しようと、多くのファンの心を動かしたのは事実だった。そして、ビエルサもその1人だったわけだ。

1974年W杯、クライフはオランダの〝トータルフットボール〟のエースでキャプテンだった。3－4－3は、そのときの「やり方」をアレンジしたものだ。ファンハールはそれを継承し、バルセロナはクライフの監督就任とともに3－4－3を受け入れた。つまり、アヤックスとバルセロナとオランダは親戚か兄弟のような関係である。クライフ監督のドリームチームで中心選手だったジョゼップ・グアルディオラが、現在はバイエルン・ミュンヘンでそれを継承しているので、この流派はアヤックス、バルセロナ、バイエルンと少しずつ広がりをみせているものの、その魅力のわりにはあまり普及していない。ある意味、まともに取り組んでいるのはビエルサぐらいで、また彼だけがアヤックス・バルセロナのルートとはまったく別のところにいる。南米人のビエルサは映像から学び、独学でアヤックス・バルセロナ方式を修めている。

余談だが、ビエルサはたいへんな映画好きで、少しヒマがあれば貪るように見ているという。毎日でも映画を見るような人は娯楽作品ばかり見ているわけではなく、シリアスな作品も含めていろいろな映画を見ているに違いない。映画はエンタテインメントであると同時に、作り手には伝えたいことがある。見る者の心を動かしたいと思っている。涙をぼろぼろこぼしながら「つまらない映画だった」という人はいない。その人にとって面白い映画とは、とにもかくにも心を動かされた映画であり、何の感動もなければ「つまらない」という評価に落ち着くだろう。

ビエルサは、アヤックスという〝作品〟に感動したに違いない。だからそれを研究し、125の要素に整理し、自らの手で再構築しようとしているのだろう。自分が受けた感銘を、自分の率いるチームが人々に与えられるように。

では、そのアヤックス、バルセロナ、そしてビエルサのサッカーの基本構造はどうなっているのだろうか。

まず、3バックを本書のテーマに掲げていながらこう書くのは少々気が引けるのだが、DFの人数は大した問題ではない。というより、すでに記したように相手のFWプラス1人がDFの人数というのが基本である。相手が1トップなら2バック、2トップなら3バック。ただ、このシステムが他と一線を画しているのは、DFとセットになっているアンカーの存在である。4番または6番と呼ばれるポジションだ。

このシステムの源流であるオランダでは、ポジション番号制の時代にDFの右側から機械的に背番号を振っていく習慣があった（図5）。つまり、4－3－3のフォーメーションでは右サイドバックが2番、センターバックが3、4番、左サイドバックが5番、そして4バックの前に位置するMFの底が6番となる。ここから前はWM時代と同じでMFが8、10番、3トップは右から7、9、11番である。アンカーが4番になるのは、3－4－3に変化するときにDFからポジションを上げたのが4番だったからだ。

4にしろ6にしろ、この中盤底に起用される選手の特徴がシステムを色づけている重要な要素である。アンカーポジションは守備の要であると同時に、このシステムの本当の狙いであるパスワークの軸になる。つまり攻守両面に秀でていて、相当サッカーIQの高いプレーヤーでないと務まらない。

94－95シーズンのCL王者となったアヤックスでは、フランク・ライカールトがアンカーだった。パワフルでスピードもあり、守備が強いだけでなく攻撃面でもビルドアップの軸になれる理想的な資質の持ち主である。

バルセロナでは、グアルディオラが「クワトロ（背番号4）」の代名詞だった。ライカールトに比べると守備面は弱いが、ボール支配を優先するバルセロナでは、グアルディオラこそがこのポジションに相応しかった。ボールポゼッションで優位に立てば、守備機会そのものが減る、攻撃は最大の防御という理屈である。

ユーロ92のオランダでは、ライカールトがいたにもかかわらずアンカーはやっていない。優勝した88年はライカールトだったが、92年はヤン・ボウタースだった。守備センスとパスワークのテクニックが抜群で、インテリジェンスの塊のような選手だった。ライカールトは運動量を生かして1つポジションを上げてプレーしていた。

ビエルサのマルセイユでは、ジャネリ・イムビュラがこのポジションを務めている。コンゴ共和国人の両親、ベルギー生まれだが育ったのはフランスだ。ラシン、パリSGと首都のユースチームを経て、07年からギャンガンに所属。17歳1カ月4日でリーグ2にデビューしたのは最年少記録だった。フランスのU－20、21代表にも選出されている。186センチと長身、左利きでテクニックに優れ守備力も高い。22歳と若手の部類だが、すでに中心選手とし

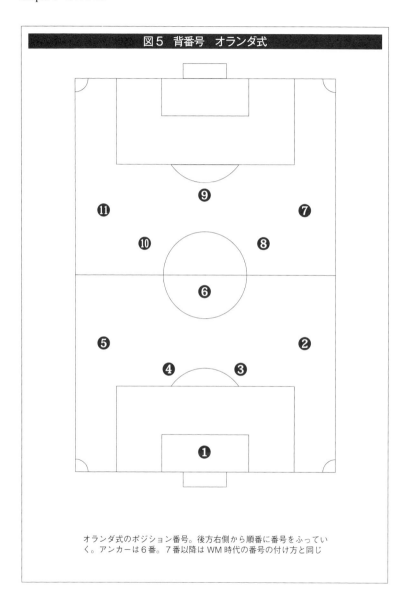

図5　背番号　オランダ式

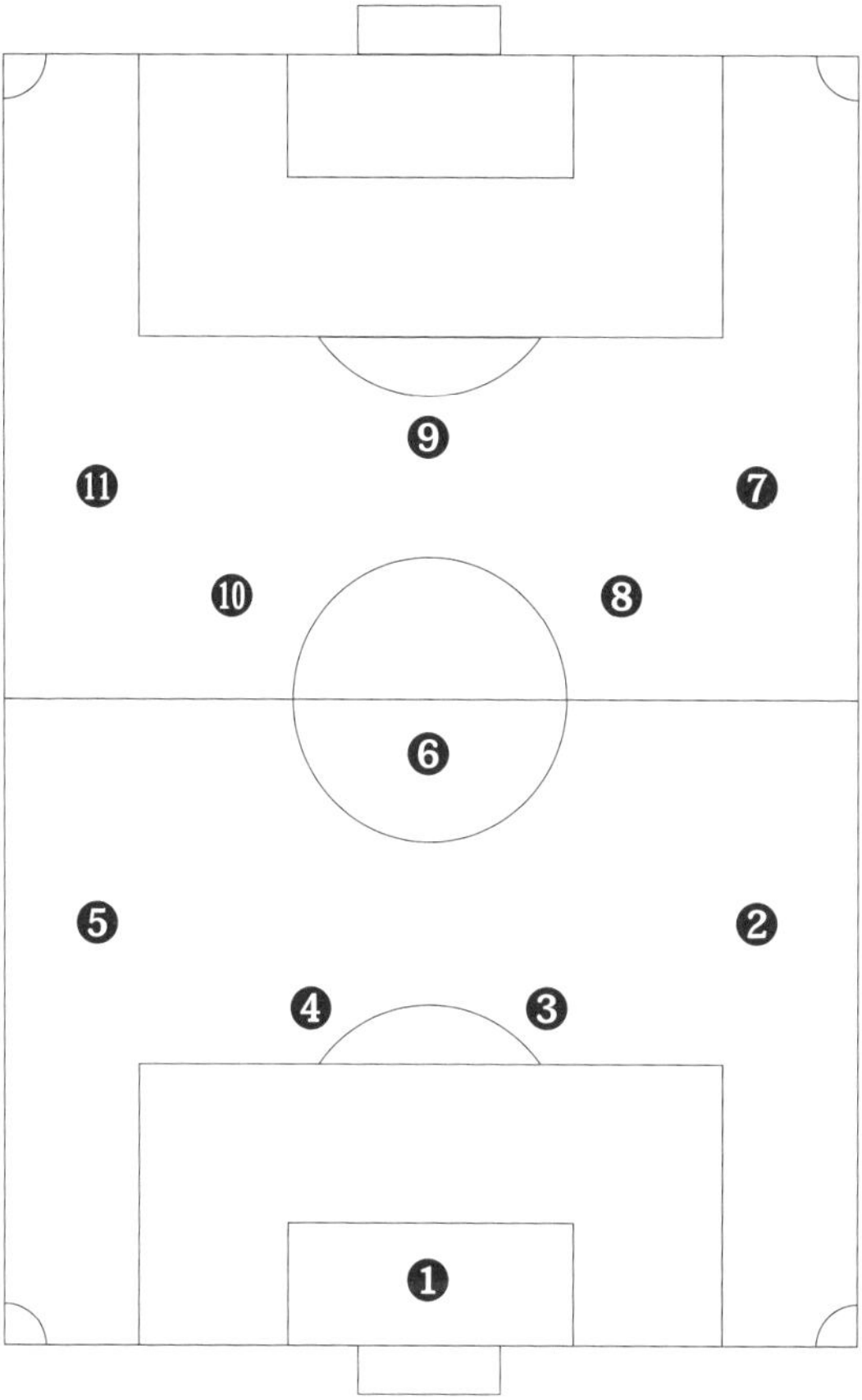

オランダ式のポジション番号。後方右側から順番に番号をふっていく。アンカーは6番。7番以降はWM時代の番号の付け方と同じ

ての貫禄が漂う。

このシステムの狙いは、なるべく相手陣内で攻守を行うことにある。相手のFWに対して1人の数的優位を持つのは、守備だけでなく攻撃でも同じ。相手が1トップなら2バック、2トップなら3バック。そして必ずアンカーがセットになる。相手が2トップなら3バック＋アンカーでパスを回し、1トップなら2バック＋アンカーでつなぐ。相手が1トップの場合でも、トップ下が1トップと並んでセンターバックにプレッシャーをかけてくる場合は、アンカーが2バックの間に下がって3バックにする。そのときはMFの8番か10番がアンカーのポジションに移動する（図6）。

グアルディオラ監督率いるバイエルンでは、サイドバックがアンカーの位置に入ることもあるが、これは応用編と考えたほうがいいだろう。

とりあえず、奪ったボールは渡さない。数的優位を作って必ず確保するという考え方である。アンカーは後方でのボール確保におけるキープレーヤーになっている。

バルセロナは70パーセントのボールポゼッションを目安にしているが、当然ながらポゼッション自体は目的ではない。目的はゴールだ。ただし、相手ゴールへ急いで攻め込むのが常に最善とはかぎらず、アヤックス・バルサ方式の肝としてバックパスの使い方があげられる。

守備の基本はチャレンジ＆カバーなので、1本前方へのパスを入れると相手は下がる。相手

図6 数的優位を作る

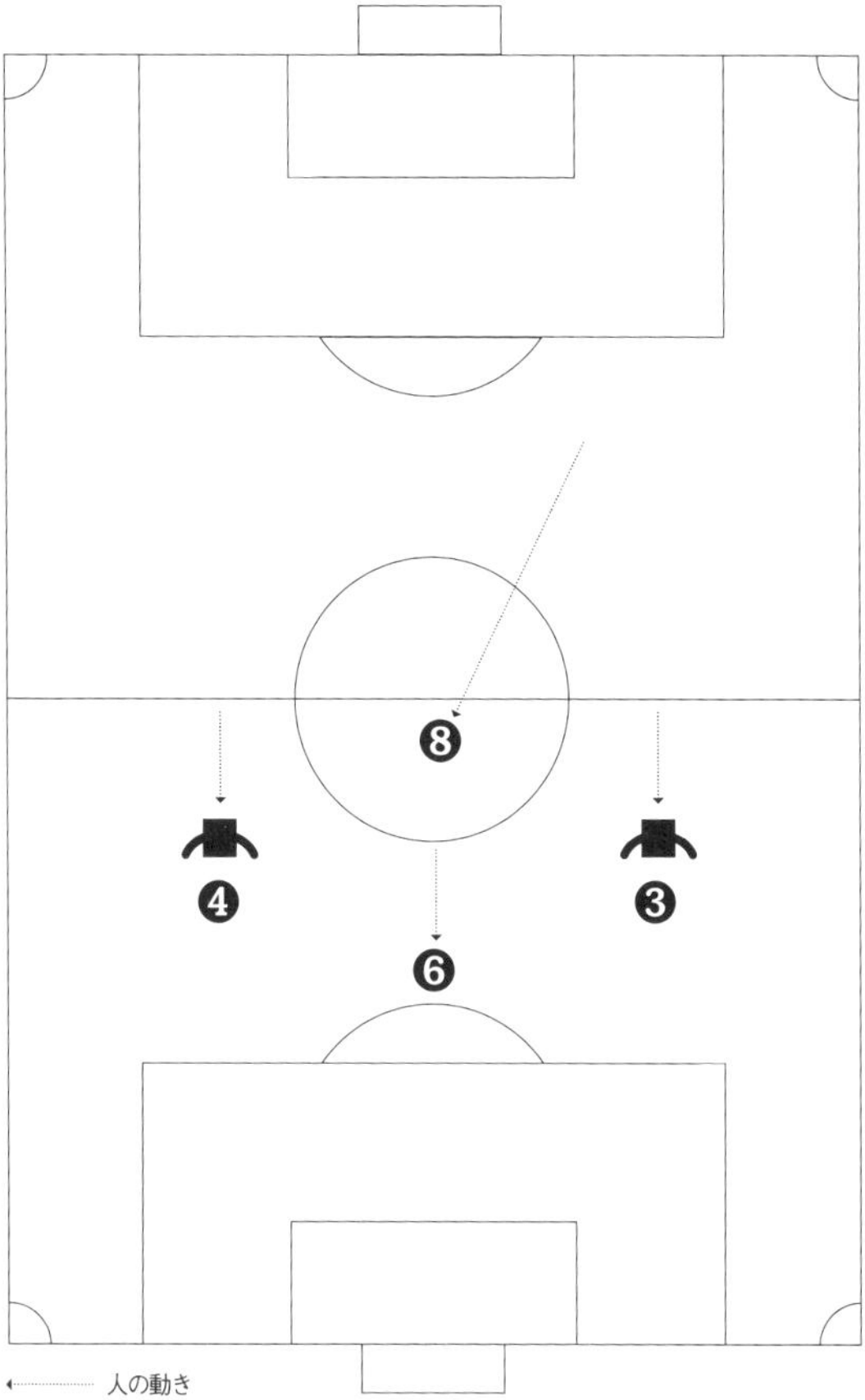

2バックに対して相手の2トップがプレスしてきたときには、アンカーが2バックの間に引いて数的優位を作る。アンカーの位置には8番（または10番）が下りる

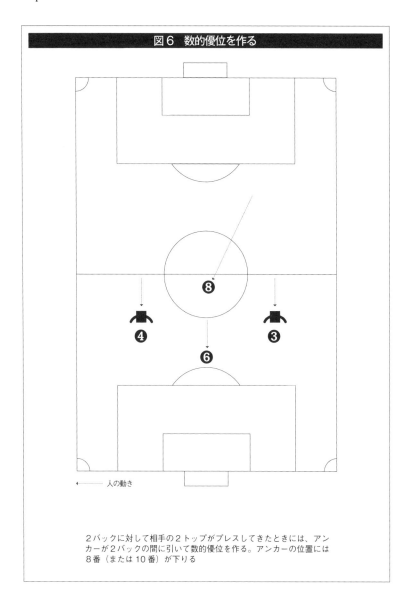

を下げることでバックパスのコースが空く（図7）。前方へそのまま攻め込むのが難しい、ボールを失う可能性があると判断したときに、フリーになっている味方にバックパスをつなぎ、そこからより良いパスを前方へ供給する。バックパスを有効に使うことで、より質の高いパスを前方へ出せると知っている。前にボールを入れて相手を下げ、下げたことで空く後ろを使う、そこへ相手を釣り出して再び前へ入れる。シンプルだが、アヤックス・バルサ方式の要諦はこれに尽きるといってもいい。

確保したボールを前に運ぶにあたっては、いくつかの仕掛けがある。ウイングかセンターフォワードが少しポジションをずらすのだ。ウイングが中に入ったときにはサイドバックが進出して幅をとる（図8）。あるいは、センターフォワードが「偽9番」として下がる（図9）。どちらもボールを安定的に前方へ進めるために、中盤に数的優位を作るのが目的だ。

もし、中へ入るウイングに相手のサイドバックがついてくれば、サイドのスペースをサイドバックやMFが狙える。センターフォワードに相手のセンターバックがついてくれば、中央を狙える。こうしたポジションの移動は、とくにこのシステム固有のやり方ではなく、現在はまずどのチームでもやっているのだが、アヤックス・バルサ型のはっきりした特徴といえるだろう。

ボールを失ったときは、なるべく高い位置から直ちにプレッシャーをかける。ボール周辺の相手をマンマークで抑え、場合によっては自分のマークを捨てて2対1の状況にしてボールを

図７　バックパス

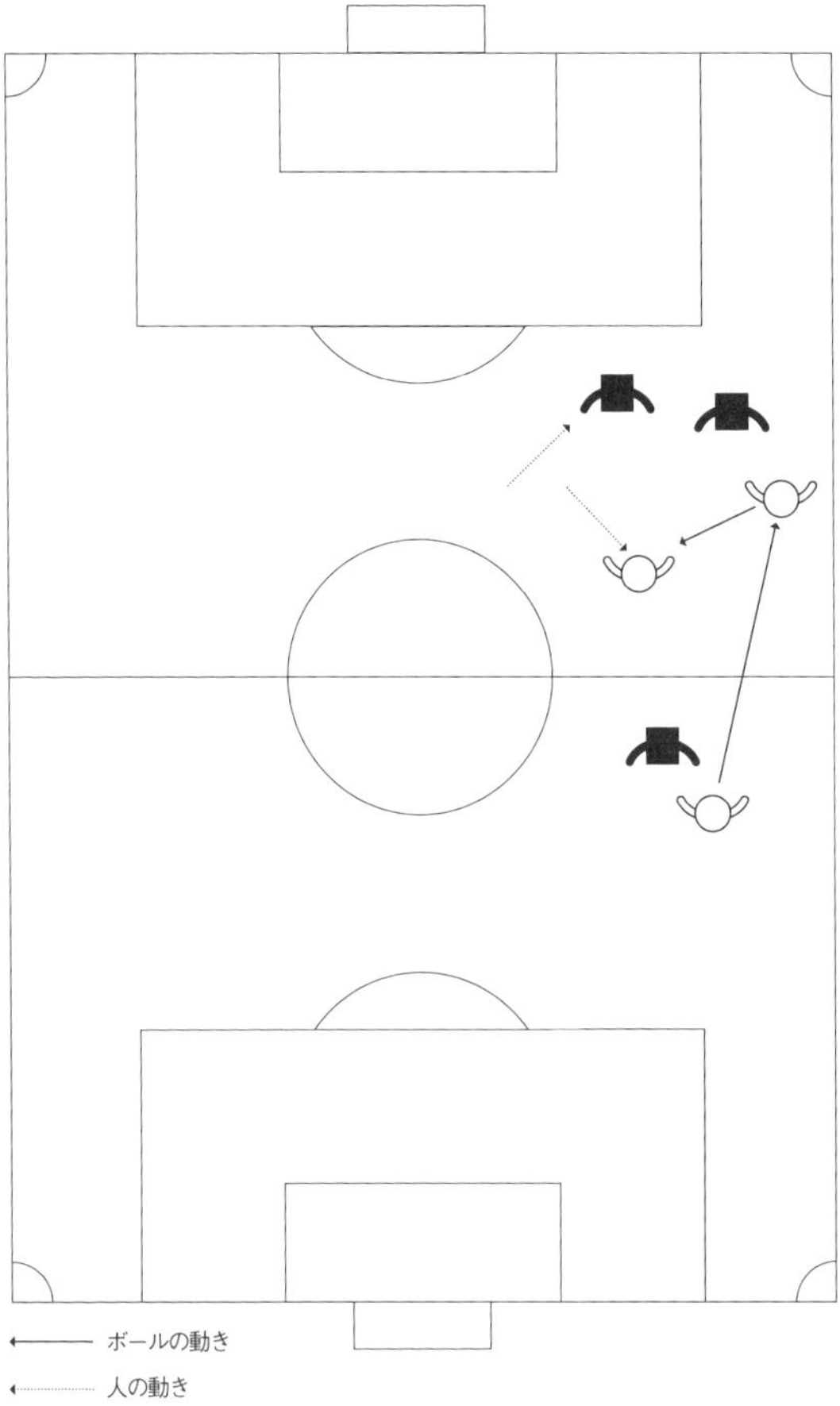

縦パスを入れることで相手が下がる。そのときにバックパスのコースを確保する

奪いとりにかかる。後方からアンカーやセンターバックが加勢する、あるいはボールより前方の選手が戻る、いわゆる「プレスバック」で2対1をつくりボール奪回を狙う。このあたり、誰がマークを離してプレスに行くかの判断はいちがいにはいえず、その場の判断力にかかってくるが、できるだけ早いタイミングでのボール奪回を狙うのが基本方針だ。

プレスをかわされてしまうと総退却の体になるが、最初にプレスをかける段階でディフェンスラインを高い位置に上げているので、相手のトップをオフサイドポジションに置けていれば当面は下がらずに対応できる。こうしたプレッシングのメカニズムは、このシステムの原型である1974年のオランダから基本的に変わっていない。

「グアルディオラは世界一の監督だ。問題はグアルディオラが持っているような選手がいないのに、同じやり方をしてしまうチームがあることだ」

超攻撃サッカーで知られるズデニク・ゼーマン監督はこう言っている。ゼーマンは「ティキ・タカは好みではない」と言っていて、ゼーマンには彼のやり方があるわけだが、相応しい選手なしでバイエルンのような戦術をするのは間違っているという指摘はたぶんそのとおりなのだ。そのあたりが、あれだけファンを魅了したアヤックスやバルセロナのやり方が広まっていない理由であり、さらにさかのぼれば74年のオランダが「未来のチーム」と呼ばれながら、40年経過しても現在がその「未来」になっていない理由なのだと思う。

図８　ウイングが中に入る

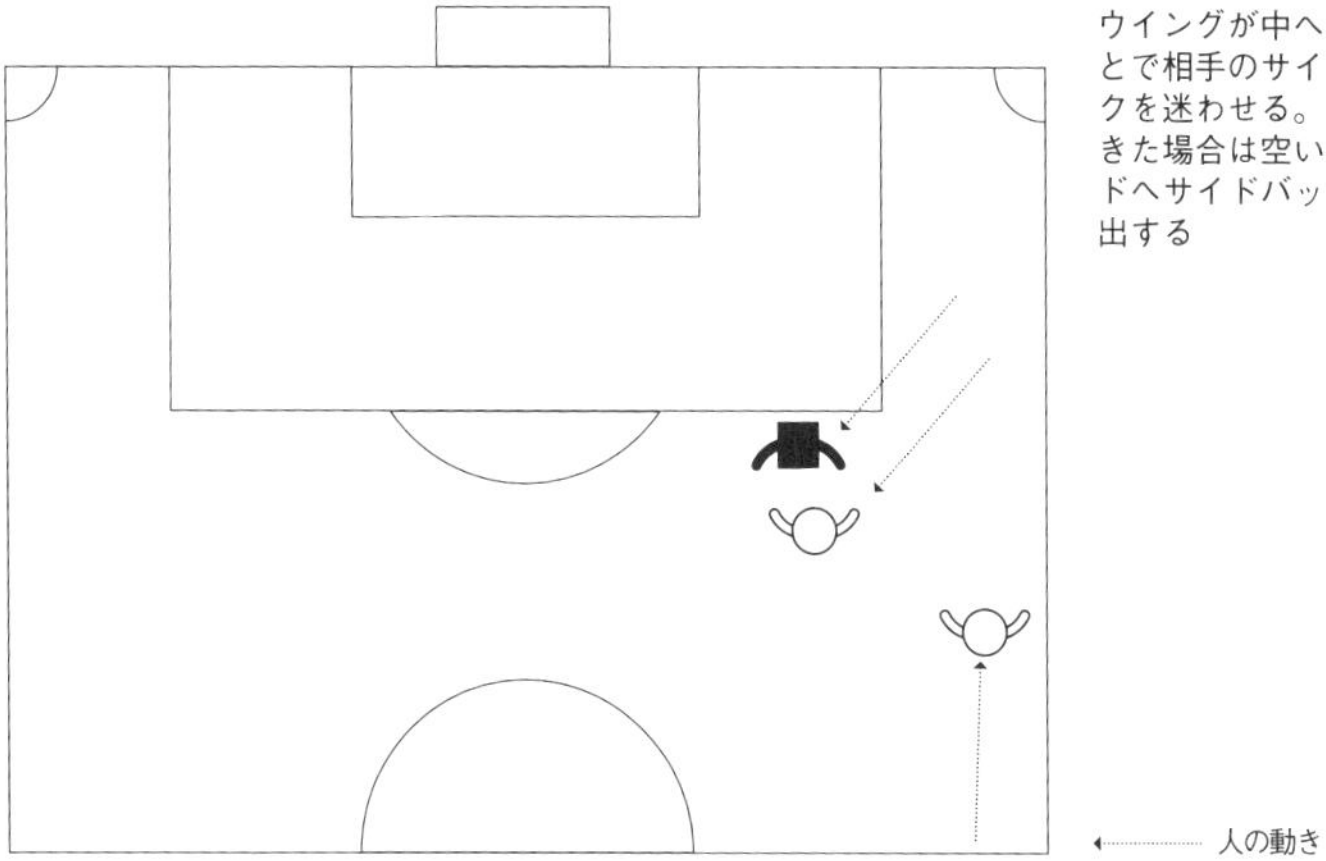

ウイングが中へ引くことで相手のサイドバックを迷わせる。ついてきた場合は空いたサイドへサイドバックが進出する

図９　偽９番

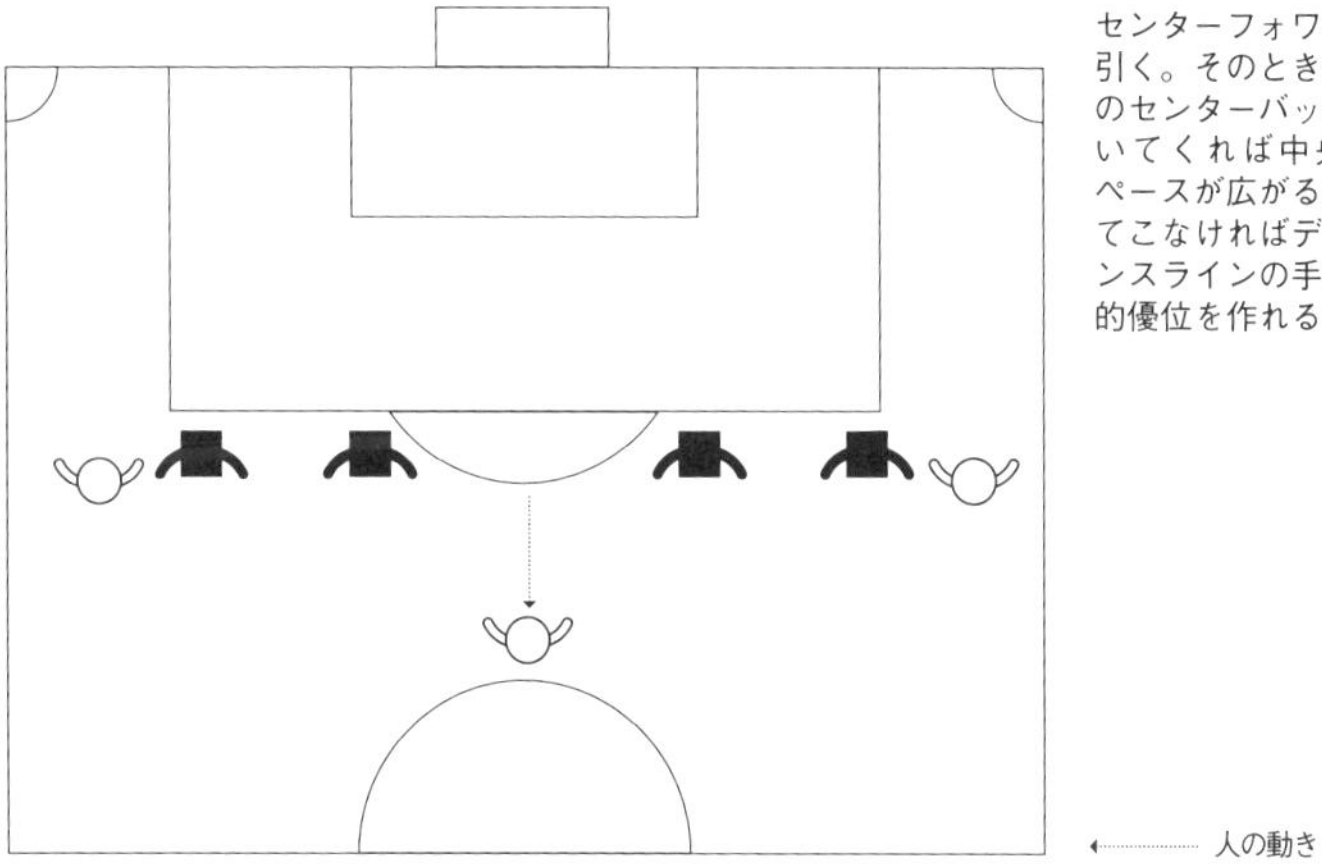

センターフォワードが引く。そのときに相手のセンターバックがついてくれば中央のスペースが広がる。ついてこなければディフェンスラインの手前で数的優位を作れる

となると、ビエルサの率いるOMはゼーマンの言う「問題のあるチーム」の筆頭ということになるだろうか。

なにせ、監督が希望した選手をまったくといっていいほど獲得できておらず、現有戦力はグアルディオラのバイエルンなど比較の対象ではないのだから。ただ、かつてビエルサ監督が率いたアスレティック・ビルバオやチリ代表に関しても、状況はOMとそう変わりはなかった。ゼーマンの指摘するところの間違いを犯してきたわけだ。

ビエルサはあえて無謀な挑戦を試みているのだろうか。やっぱり〝エル・ロコ〟なのか?

花神（枯れ木に花を　咲かせましょう）

〈人生に必要なものは、勇気と想像力。それと、ほんの少しのお金です〉

チャールズ・チャップリン

スタッド・ヴェロドロームには屋根がついていた。以前来たときには、まだ屋根はなかった。1998年W杯のときに全面的な改修が行われ、今度は2016年のユーロ開催に向けて屋根がついた。

屋根なんかなくていいのに。そう思っていた。

真っ白で開放的なヴェロドロームは、青い空によく似合っていた。スタンドの向こうには石灰色の山々が見えていた。どうせそんなに雨が降るわけでもなし、無粋な屋根などつけなくていいんじゃないかと。ただ、冷たいミストラルが吹き下ろしてくるので、屋根がないのは地元ファンにとって大いに不満だったようだが。

ところが実際に見てみると、思っていたのとは違っていた。大きくうねるようにスタンドを包んでいる真っ白な屋根は、巨大な雲を連想させた。空の青、真っ白なスタジアム。ヴェロドロームのイメージは完璧に維持されていた。

ヴェロドロームの前を通り過ぎてしばらく歩くと、有名なユニテ・ダビタシオンがある。近代建築の巨匠ル・コルビュジェによる集合住宅だ。18階建て、337戸、最大1600人が住めるそうだ。

「住宅は住むための機械である」（ル・コルビュジェ）

建物は観光地になっていて、平日の昼間でも観光客が出入りしているのだが、住んでいる人もいる。エレベーターで乗り合わせるのは、観光客だったりバゲットを買い物かごに突っ込んだ住人だったり。3階には事務所やホテルが営業していて、パンや総菜を売る小さな店もあった。住居と観光地が混在している、ちょっと不思議な場所だ。

装飾を排して線と面だけで造られたような無機質なアパートは何だか少し殺風景なのだが、どこか懐かしさも感じた。というより、僕らの世代にとって団地とはだいたいこんな感じの建物なのだ。戦後すぐに建てられた未来的なアパートは、ある意味普通に現代的であり、少し前の現代という印象でもあった。

屋上へ上ると、ヴェロドロームが見えた。地上から見たときの偉容もなかなかだったが、上から見下ろすと、その巨大さがいっそう目立つ。左手に海、視線を右へ移すとごちゃごちゃとした住宅の群れがあり、やがて太陽を反射する雲のようなスタジアムが山々をバックに忽然と建っている。圧倒的な存在感だった。

青空を切る白い曲線のスタジアムは、ブラジリアで見たオスカー・ニーマイヤーの建築物とよく似ていた。ニーマイヤーとル・コルビュジェにはブラジルに共作の建物があり、国際連合ビルのデザインも設計委員メンバーとして関わっていたそうだ。ヴェロドロームはル・コルビュジェともニーマイヤーとも関係がないけれども、どちらかが図面を書いたと言われれば信じてしまいそうである。マルセイユの市長は「ネーミングライツは売らない」という方針らしい。ヴェロドロームはヴェロドロームであって、どこかの会社の名前のついたスタジアムにはしないということだ。

パリの象徴となっているエッフェル塔は、パリ・サンジェルマンのエンブレムにも使われているが、建てた当初は醜悪だとこき下ろされた。装飾的な石の建物群の中で、あの鉄骨の塔はいま見ても違和感があるぐらいだが、ヴェロドロームはマルセイユの海と空と街に溶け込んでいる。この街の人々にサッカーが大事にされている証のように思えた。

「まだヴァン・ヘイレンなんだ」

ヴェロドロームに前回来たときに屋根はなく、ディディエ・ドログバがプレーしていた。選手入場のBGMはヴァン・ヘイレンの「ジャンプ」。たぶんその前のときもそうだったので、20年ぐらい変わっていない。

リーグ1の12節、RCランスを迎えるOM。カメラマンはベンチ前のビエルサ監督に集中している。やがてテクニカルエリアの中央にクーラーボックスが置かれ、ビエルサはどっかと腰を下ろした。この人はテクニカルエリアを檻の中のクマみたいに歩き回り、そのうち野球のキャッチャーのように座り込むので有名である。2002年W杯でアルゼンチン代表を率いていたときには、アルゼンチン人の記者が「シャワーを浴びろ！」と、ウロウロと動きどおしのビエルサに向かって叫んでいたのを覚えている。最近はあまり歩き回らなくなっているが、座り込みは相変わらず。OMでは気を利かせてクーラーボックスを置いている。

スタッフがさらに気を利かせてコーヒーを置いておいたら、ビエルサがその上にズシーンと座ってしまうハプニングがあった。きっと尻をヤケドしたに違いない。ただ、そのトゥールーズ戦には快勝、6万1846人の観客動員記録も更新していたので、ビエルサはコーヒーについて「ひと口も飲めなかったのが残念だった」と話し、報道陣を笑わせた。

「サッカーを愛する人々で一杯になるヴェルドロームで指揮を執るのは感動的だから」

OM就任の理由について、ビエルサはそう答えている。ヴェロドローム恒例の両ゴール裏の掛け合いは、屋根がついたぶん反響音がもの凄いことになっていた。

試合はOMがCKからあっさり先制、しかし前半のうちに1－1に追いつかれる。プレッシングがハマっているときは、反転速攻の迫力と相まってランスを蹂躙する勢いがあった。ところが、ちょこちょことミスが出る。DFが自陣でボールを失ってシュートへ持ち込まれることもしばしば。8連勝で首位快走中といっても、まだまだ粗い。下位に低迷するランスにもチャンスは十分ありそうだった。

後半、OMはトヴァンのゴールで2－1と再びリード。ジニャックの低いクロスに対して、中央にはアユーとトヴァンが入っている。これは練習どおりという感じだった。

ビエルサはトップ下のパイェに代えてDFのアロエを投入。アンカーのイムビュラがトップ下にポジションを上げた。アンカーには3バックの左をやっていたロマオが移動、アロエが3バックの一角に入った。守備を強化する交代策だったのだが、ロマオが後半31分に2枚目のイエローカードで退場になってしまう。ここからはバタバタだった。

両ワイドにジニャックとアユーを残して7人が引く。相手のサイドバックが出てくればジニャックもアユーも引く。もう3バックなのか4バックなのか、よくわからない状態。とにかく残り15分間を守り抜くつもりなのはよくわかった。

終盤、ランスがOM陣内に攻め込んだときにコーナーフラッグが倒れる。どうも折れてしまったようで、副審が刺し直そうとするが上手く立たない。副審はいったんフラッグを脇に捨ててしまったが、主審がそれを許さずしばらく試合が止まる。ジニャックがフラッグを蹴ってパキンと折ったら、ちゃんと刺すことができた。だが、長さが半分ほどになってしまってやはり主審が認めない。そのうちにテープで折れた部分をグルグル巻いて補強、刺し直してようやく再開。ただ、やっぱり長さは半分ぐらいしかなかった。

このコーナーフラッグの件でロスタイムは5分、ランスの猛攻を最後はマンダンダのビッグセーブで逃れ、OMは何とか2－1で勝利した。

試合が終わると、ダムの放水みたいに観客が道路に溢れ出る。これは6万人規模のスタジアムはどこも同じだが、マルセイユの場合は帰り道がだいたい同じなので、メトロは人で溢れて入場制限がかかってしまう。じゃあ次の駅から乗るかと歩くと、次の駅は封鎖されていた。かくして2駅ぶんを同じ境遇の〝メトロ難民〟たちとともに歩かされるハメに。その間、マルセイユの人々はパリを馬鹿にする歌を気持ちよさそうに歌っていた。歩きながら考えた。

ビエルサは、なぜマルセイユに来たのか。

カタール資本の導入で、ライバルのパリSGは一気にヨーロッパのビッグクラブの仲間入りを果たした。もはや彼らはOMなど見ていない、CL制覇の野望がすべてだ。サッカーの世界は弱肉強食であり、基本的にお金のあるクラブは強くなる。かつてOMも同じ夢を見た。ベルナール・タピが会長に就任した80年代後半から、補強に次ぐ補強を重ね、一気にヨーロッパの強豪に迫り、ついにはACミランを倒してヨーロッパ王者の夢を叶えている。しかし、まったく同時に国内の買収試合が発覚して2部降格。まさに天国から真っ逆さまに地獄へ堕ちた。いま、OMファンはかつての自分たちに似たPGに羨望を禁じ得ない。しかし一方で、そんな首都の金満チームに負けて堪るかという意地も漲っている。

金がなんだ、スターがどうした。たとえスーパースターの移籍金が、リーグそのものを買い取れてしまうような額だとしても。サッカーはチームゲームで、何だって起こる。証明してやろうじゃないか…そうした地方クラブの意地が、正直いまのヨーロッパサッカーをぎりぎりで支えているような気がする。無数の小クラブのやせ我慢がなければ、国内リーグはもう立ちゆかないのではないか。OMは地方の小クラブなどではなく、フランス随一の観客動員数を誇るビッグクラブだが。

ビエルサは、なぜOMに来たのか。

アヤックスでもバルセロナでもなく、バイエルン・ミュンヘンのような戦力に恵まれたクラブでもなく、なぜOMという「間違った」選択をしたのか。マネーパワーで強大化したパリSGに挑む、無謀にも自らの哲学を貫いて。ファンはただ勝利に飢えているだけなのに？

いや、だからビエルサは来たのだ。

そこには間違いなく情熱があるから。サッカーへの愛があるから。たとえすっかりねじ曲がってしまった愛であっても。そこに溢れかえる情熱がなければ、きっと彼は来ない。

アスレティック・ビルバオは周知のとおりバスク人だけで構成される純血主義のクラブだ。アスレティックはたんなるスペインリーグの1クラブではなく、バスク代表チームといってもいい。だからビエルサはビルバオへ行った。

マルセイユにも愛がある。ただ、愛だけで人は生きていけない。愛こそすべて、それを信じられるほどノホホンとした土地柄でもない。チャップリンも言っている、「人生には、ほんの少しのお金が必要だ」と。愛と勇気と想像力の人でも、お金について話すのを忘れなかった。

サッカーに置き換えれば、「勝利」が必要である。人生には金も必要だと言うことで、チャップリンの「勇気と想像力」はただのキレイゴトにならずに踏みとどまった。「ほんの少しのお金」をつけ加えなければ、彼の言葉はこれほど有名にはならなかったのではないか。

マルセイユの人々は勝利に飢えている。勝てないことに心底苛立っている。とぐろを巻くような情熱がそこにある。だからこそ、勝利以上の感動を手にするに値する。ビエルサは、勝つだけでなく勝ち方にこだわってきた。人々を少しでも幸福にできるサッカーを提供しようとしてきた。自分が受けた感動を人々に与えようと全身全霊をこめて仕事をしてきた。勝利だけを渇望する人々だからこそ、勝利以上のものまで与えたいのではないか。

かつてサッカーの強豪は港町か炭鉱が相場だった。ナポリ、マルセイユ、マンチェスター、リバプール、サントス、ブエノスアイレス…荒ぶる大衆の住む街だった。現在の強豪は大都市にあるが、共通項がないわけではない。依然としてサッカーが大衆のスポーツだということだ。モノトーンの生活、普段の人生が色彩を失えば失うほど、週末のサッカーは輝きを増す。救いであり、ある種の宗教かもしれない。人生が愛と勇気と想像力に溢れ、使い切れないほどのお金まで持っていたら、たぶんサッカーはいらない。あってもいいけれども、祈るような気持ちでスタジアムへ通う人はいないだろう。だからASモナコは何度優勝してもOMにはなれないのだ。就労人口わずか3パーセント、大金持ちが住む街にサッカーを切実に必要とする人は、たぶん3パーセントしかいない。

勝利だけが求められている土地で、自分のスタイルを貫いて勝とうとするには「勇気」が必要だ。ただ、ビエルサはおあつらえむきの〝エル・ロコ〟である。やると決めたら最後、一心不乱につき進んでいく。狂気と紙一重のサッカーへの愛情と、その一点でつながっている人々への強烈な使命感において。

かつてそこには豊潤な森が広がっていた。いまは乾ききっている。そこへ赴いた男が水を撒くと、たちまち草が伸び木が茂り始めた。そこが再び豊かな森に戻るのか、すぐにまた枯れ果ててしまうのかはわからない。けれども、花は咲くだろう。

13節、パリ・サンジェルマンとの一戦にOMは0－2で敗れる。首位は変わらないがPGとは1ポイント差に詰まった。ビエルサは「結果は順当だ」と述べている。25分間はOMが優勢だったが、ルーカスの1点でPGがリードして形勢は互角に、そして75分のイムビュラの退場以後にペースを握ったPGがとどめの一撃を加えている。ただ、スコアが内容と同じでないのはPGのブラジル人、マックスウェルの言葉に表れていた。

「これは必見の、偉大な試合だった」

レキップ紙は「飛翔するクラシコ」と、その試合を絶賛している。

Chapter 2
ペップのソリューション

ペップの暗号を解読せよ

丁重な「お断り」のメールが届いた。バイエルン・ミュンヘン対ASローマの取材申請は、「申し訳ありませんが満席」という理由で却下されてしまった。

もう日本を出てしまっていた。旅程の変更も考えたが、やはりどうしてもナマで今季のバイエルンを確認しておきたかったので、思い直してミュンヘンへ向かうことにした。着いたのは試合前日、さっそく中心街のデパートに駆け込む。

「明日の試合のチケットを買いたいのですが」

「あいにく当店ではバイエルン・ミュンヘンのチケットは扱っていません」

インフォメーションデスクにいたお嬢さんは、申し訳なさそうに言う。

「では、どこかで買えませんか」

「そうですねえ、では××通りへ行ってみてください」

はい？　ナニ通りですって？　当方、ドイツ語もわからなければミュンヘンの地理もよくわからない。すると、受付のお嬢さんは紙片に通りの名前を書いてくれた。

「ここへ行って、聞いてみてください」

お礼を言って外へ出たが、いったいこの道はミュンヘンのどこにあるんだろう。と、見渡せばツーリストインフォメーションの看板が。よし、ここならわかるだろう。

「中央駅ですね」

中央駅ならここからメトロでひと駅だ。なんだ近いじゃないか。

中央駅へ着くと、地下にバイエルン・ミュンヘンのファンショップがあった。ここで聞けばわかるだろう、いやひょっとしたらチケットだってあるかもしれない。

「チケットはありません。ソールドアウトです」

「では、この通りはどのへんでしょうか。ここでチケットを購入できると聞いたのですが」

すると、売り子の若い女性は年配のマネジャーとおぼしき女性に紙を渡す。年配の女性はきっぱり言った。

「チケットはないですよ」

「では、この通りはどこに…」

「ゼーベナー・シュトラーセね。でも、ここにもありませんよ」

ゼーベナー通りは、バイエルンのクラブハウスがある場所だ。デパートの受付嬢が書いてくれた通りの名前と似ているけれども、そこではない。チケットはない、諦めなさいのオーラを醸し出す彼女にそれ以上何を聞いても無駄に思えたので、とりあえず地上へ出ることにした。

地上に出た。ここはどこ、私は誰？　パソコン上の地図で見たときは、なるほど駅のこのへんかと納得したわけだが、いざ行ってみるとデカイ交差点を目の前にして果たしてどっちへ行ったものか…。とりあえずタクシーの運転手に聞いてみる。

「この通りを真っ直ぐ行って、20分ぐらいかなあ。2つめの信号までとにかく歩いて。そしたら大きな○○ホテルがあるから、それも通過して行くと、左手に線路の下を通っている道がある。それが××通りだよ」

ダンケ・シェーン、サンキュー・ベリマッチ。そして歩くこと約15分、目的地に到着したのだが…何だかそれらしきものがない。そもそもデパートの受付嬢がくれた紙には通りの名前しか書いておらず番地がない。行けばわかるのかと思っていたが、そうではなかった。そこで思い出した。

「ここへ行って、聞いてみてください」

そうか、誰かに聞くのか。とりあえず老舗っぽい高級そうなホテルへ入って、カウンターの人に聞いてみた。

「このあたりで、バイエルン・ミュンヘンのチケットを扱っている店はないですか？」

通りの名が書かれた紙をしげしげと眺めている男には心当たりはなさそうだったが、少し離れたところにいた女性が言った。

「△△ホテルへ行ってみてください。その道を行くと左手にあるホテルです」

ん、なんでホテルなんだ？ そう思ったけれども、とりあえず行ってみる。すぐ着いた。コンシェルジュとおぼしき男に聞いてみる。

「あのー、この通りにバイエルンのチケットを買える店があると聞いたのですが」

「明日の？」

「はい」

「ありますよ」

「え？ どこに」

「ここに」

「ここ？」

男はスタジアムの座席図を見せ、「この席ならあります」と言った。あるの？ ここに？ なんで？

「当ホテルにご宿泊のお客様ですか？」

「いえ、違いますけど」

「どちらにお泊まりで？」

「〇〇ですが」

「明日の試合をご覧になる」

「そのつもりです」

ではこちらへ。と、カウンターから少し離れたソファへ座るよう促された。

「とても良い席ですが値段は少々張ります。150ユーロです。確実なのは現在この席になります」

えらく高いな。でも、確かに相当いい席だ。ここなら記者席で見るよりいいかもしれないぐらいだ。試合当日にダフ屋を探せば、たぶんそこそこの値段のチケットは手に入るだろう。ただ、もう歩きすぎてクタクタだった。明日、もしアレーナまで行ってロクなチケットが手に入らなかったときの疲労感を考えると、ここで手を打とうという気持ちになった。それと、何となく怪しい感じのこの男が少し気になったということもある。

「よし、買いましょう」

「お買いになる、本当に？」

「ただ、いま手持ちの現金が不足している。このへんにATMあるかな」

「駅の中にございます。すぐそこですよ」

駅で金を下ろして戻り、男に金を渡す。

「名刺くれる？」

男の名刺を見ると、イタリア人の名前だった。

「えーと、ミスター…」

「××です」

「イタリア人だね」

「左様で」

「これは、あなたの裏のビジネスなのかな」

男は一瞬、こちらの顔をうかがうような目つきをしたが、微笑みながら言った。

「お客様の中には、サッカーの試合に行きたいという方もいらっしゃいますので。何枚かは用意しております。売れるときも余ってしまうときもありますが」

それから、「本当にあなたがご覧になるのですよね?」と念を押された。

「250ユーロで売ったりしないから大丈夫だよ。これでビジネスはしません」

交渉成立。なんだか予想もしないところでチケットが手に入った。デパートの受付嬢が番地をはっきり書かなかったのは、こういうワケがあったからだろうか。

とにもかくにも、バイエルンのチケットはかなり入手困難になっている。アリアンツ・アレーナは毎回満席の大盛況、もともと人気のあるチームだが、ここ数年はとくにブームといっていいかもしれない。

12－13シーズン、バイエルンはブンデスリーガ、ドイツカップ、CLの3冠を達成した。もうこれ以上はないという完全制覇である。このシーズンをもってユップ・ハインケス監督が勇退、新監督にジョゼップ・グアルディオラが迎えられる。〝ペップ〟・グアルディオラの招聘は、新しい時代の到来を感じさせた。

グアルディオラ監督のサッカーは、「面白い」という月並みな表現になってしまうが、まあそれに尽きる。何が面白いと感じるかはそれぞれで、中には「つまらん」と思っている人もいるかもしれないが、良くも悪くも予想がついたハインケス監督との違いでいえば、とにかく何をするのかわからないところである。

新しいは強いとイコールにはならないし、新しいが良いと決まっているわけでもないが、グアルディオラのバイエルンは常に新しい。何かしら新しいことにトライしている。上手くいくこともいかないときもあるが、バイエルンには驚きが用意されている。強いのも間違いないが、それ以上にサッカーそのものに新しさと驚きという魅力があるのだ。

「ペップの暗号を解読せよ」

ドイツのメディアには、そうした見出しが踊っている。華麗なパスワークや豪快なシュートに喝采を送る楽しみだけでなく、グアルディオラはいったい何をやり始めるのかという推理と解読の面白さがあるわけだ。

解読・ASローマ戦

では、せっかくチケットも手に入ったので、アリアンツ・アレーナで観戦したCLグループリーグ4節、ASローマ戦をサンプルに〝ペップの暗号〟を解読してみよう。

予備知識として、まず前節のローマでの試合ではバイエルンが7－1で勝っている。前半だけで5－0という、ローマにとっては屈辱以外の何ものでもない大惨敗だった。ホームのローマは得意の4－3－3で勝負をかけたのだが、バイエルンのプレッシングと多彩な攻撃に圧倒されてしまった。そこで、バイエルンのホームゲームであるこの試合では、かなり慎重なスタートが予想されていた。

予想どおり、ローマのフォーメーションは4－4－2、あるいは4－4－1－1で、FWを1枚削っての守備を重視した戦い方だった。対するバイエルンは4－3－3。バイエルンのメンバーを確認しておこう（図10）。

GK　ノイアー
DF　ラフィーニャ、ベナティア、ボアテング、ベルナト
MF　シャビ・アロンソ、ラーム、アラバ

FW　ゲッツェ、レバンドフスキ、リベリー

《暗号解読1：DFの枚数》

グアルディオラ監督の指向するスタイルは、かつて率いていたバルセロナの延長線上にある。つまり、アヤックスを源とするスタイルであり、マルセロ・ビエルサ監督のやり方と基本的には同じである。従って、相手のFWと同数のDF+1人+アンカー、これが最後部の基本構成になる。

ところが、バイエルンは相手のFWの数とは無関係にDFの枚数を決めているようにみえる。7－1で大勝したほうのローマ戦では、相手がフランチェスコ・トッティの1トップ（中央に関して）であるにもかかわらず、バイエルンは3バックでスタートしているのだ。やはり1トップのマンチェスター・シティ戦でもそうだった。ただ、相手と無関係にDFの数を決めている件については、後述することにしたい。いきなり応用編から入ると話がわかりにくくなってしまうので。

ではまず基本編から。バイエルンは相手のFWの数に最後部を合わせる。ただ、実際のところ相手が1トップか2トップかは読み切れない場合もあるだろうし、試合が始まってから相手がやり方を変える可能性もある。ということで、バイエルンとしては2バックにも3バックに

図10 バイエルン スターティングメンバー

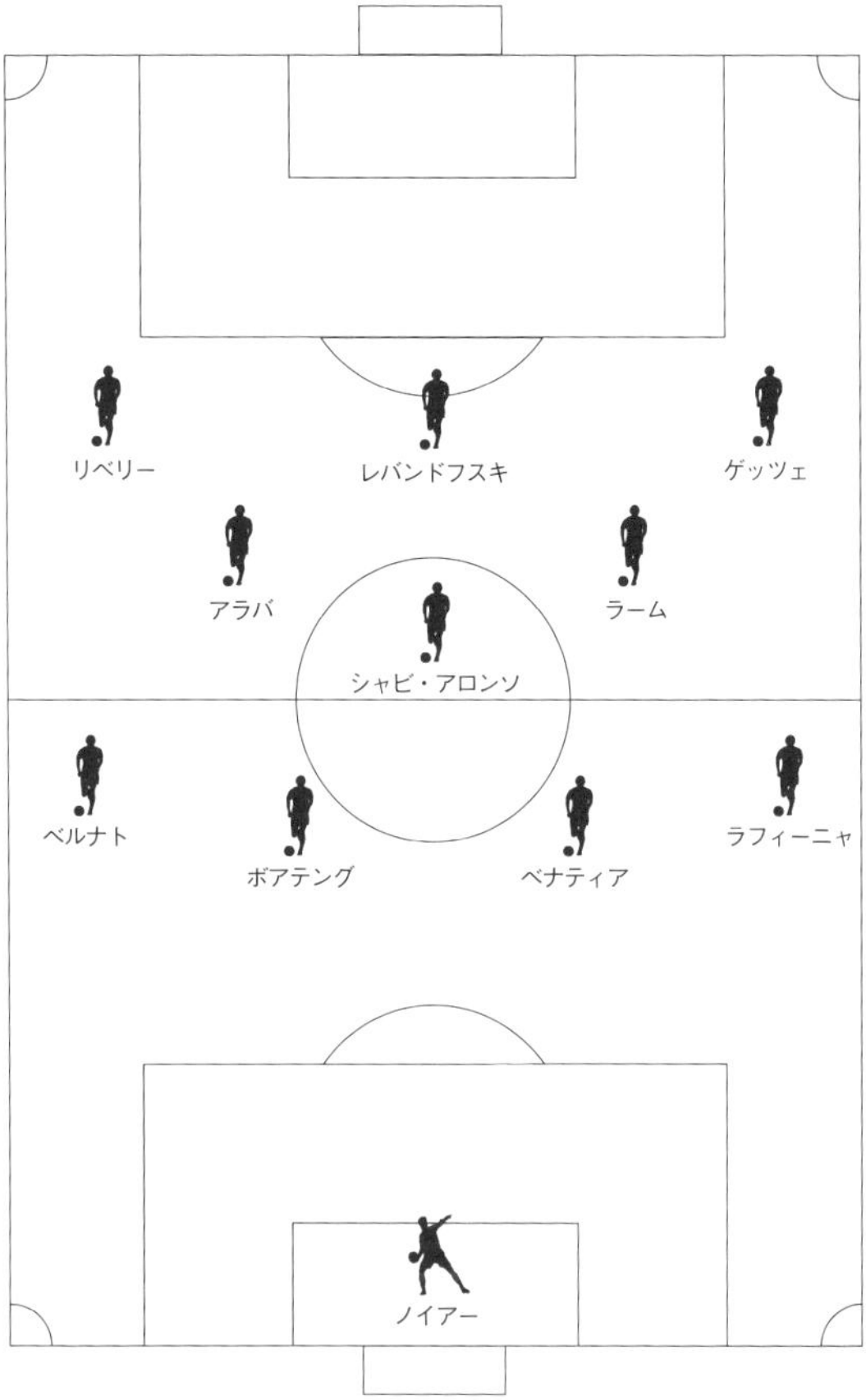

14-15CL 4節ローマ戦でのバイエルンの先発メンバー

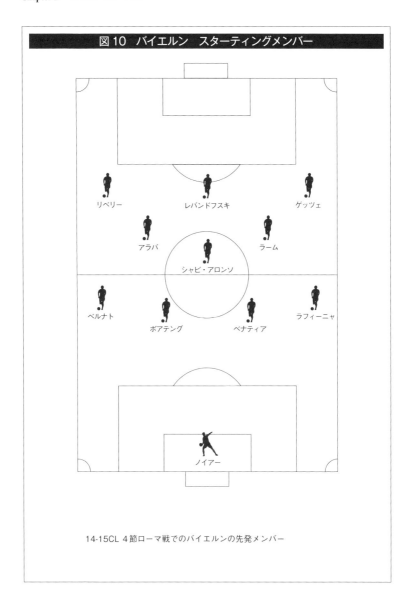

も対応できる準備をしておくのが望ましい。

DFを2→3、3→2に選手交代なしで変化させるには、ポジションを兼任できる選手がどうしても必要になる。前記のメンバーでそれに該当すると思われるのがアラバだ。

アラバは3バックの左と、左のインサイドハーフができる。ついでに左サイドバックもできるが、ここではそれはひとまず置いておこう。センターバックに変身できるのは誰かという話に絞る。バイエルンは3バックにしたいのなら、アラバを下げれば3－4－3に変化できた(図11)。

もちろん変化の仕方はそれだけではない。ある意味、最も一般的なやり方はアンカーを下げる方法なのだが、バイエルンではそれはやっていない。シャビ・アロンソは純粋なピボーテであって、センターバックを兼任できるタイプではないからだ。ちなみに、アンカーを下げる場合は、代わりのアンカーが必要になる。そちらに関してはラームがいるので問題ないのだが、とりあえずシャビ・アロンソが下がることはないのでラームの移動もないわけだ。

もう1つ、こちらも比較的ありがちな形としてサイドバックのスライドが考えられる。サイドバックが中央にスライドして3バックの1人とする方法だ。ローマ戦のメンバーならベナティアが右サイドバックとセンターバックを兼任できる。ただ、全体の構成からいってベナティアの移動は考えていないことがわかる。例えば、ベナティア、ボアテング、アラバの3バック

図11 2バックから3バック

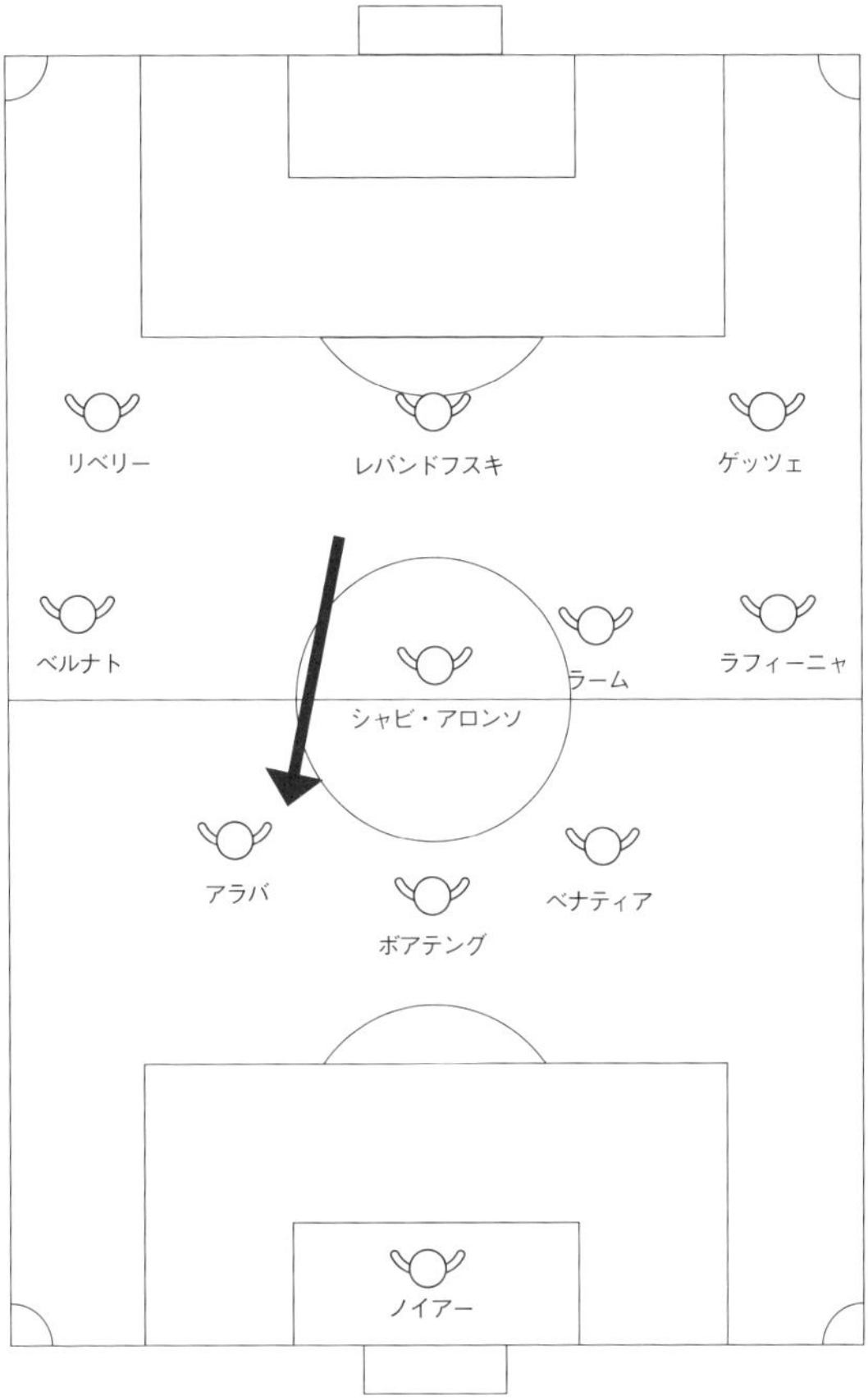

インサイドハーフ左のアラバが引くことで、2バックから3バックに変化できる

でスタートして、途中で2バックに変化するときにベナティアを右サイドバックに移動させるのは可能だ。ただ、2バックをボアテングとアラバで組むよりも、ボアテングとベナティアで組むほうがセンターバックが本職の2人なので合理的である。また、仮にベナティアを右サイドバックにもっていくとしたら、そのときにはラフィーニャの置き所がなくなってしまう。

従って、DFが2か3かの調整はアラバで行うつもりだったとわかる。

ちなみに昨季のアラバは左サイドバックが定位置だった。そこから左のインサイドハーフ(オランダ式の背番号の振り方だと10番のポジション)へ移動し、10番ポジションのトニー・クロースがアンカーへ下がり、アンカーのラームが2バックの間へ入ってビルドアップを行うというローテーションを使っていた(図12)。今季、ペップは昨季のウリだったローテーションを止めている。その代わりといってはなんだが、アラバは3バックの左と10番の兼任という形で、今季も遊軍としてチーム内で大きな役割を果たしているわけだ。

《暗号解読2:シャビ・アロンソ》

肝中の肝、このスタイルにおける最重要ポジションといっていいアンカーを務めているのがシャビ・アロンソである。

ただ、シャビ・アロンソの補強は棚からぼた餅だった。クロースをレアル・マドリーに引き

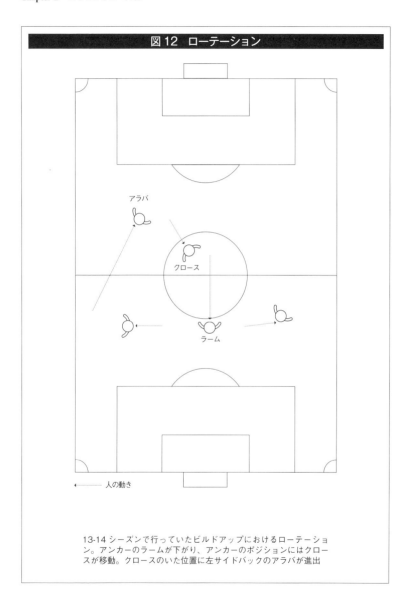

図12 ローテーション

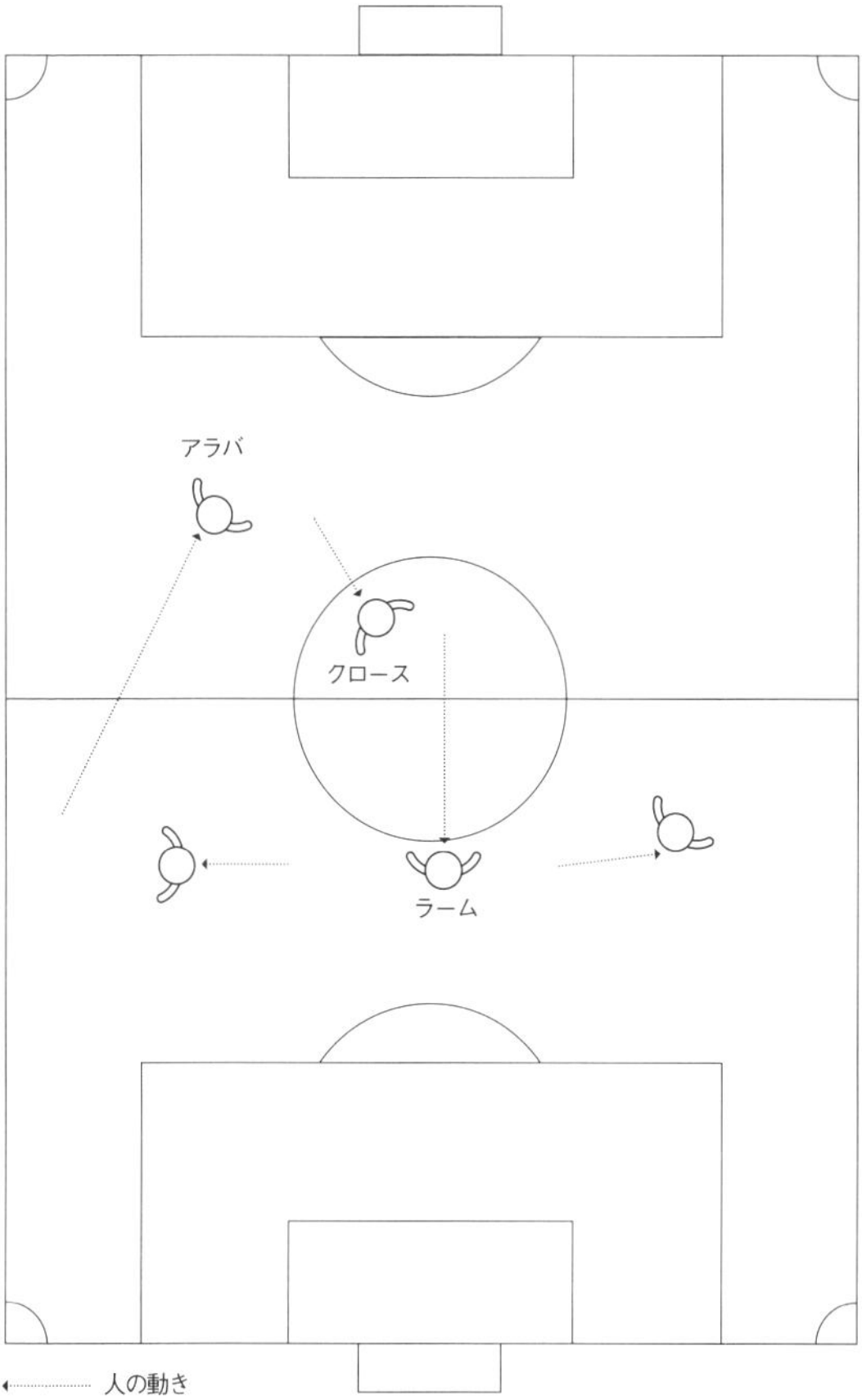

13-14 シーズンで行っていたビルドアップにおけるローテーション。アンカーのラームが下がり、アンカーのポジションにはクロースが移動。クロースのいた位置に左サイドバックのアラバが進出

抜かれたのは、かなり大きな損失になるはずだったのだが、レアルでクロースとポジションが重なったシャビ・アロンソが交換トレードのような形でバイエルンに来てくれたのだ。バイエルンとすれば、金銭面でも戦力バランスの点でも言うことなしの満点補強となった。

バルセロナでいうところの「クワトロ」として、シャビ・アロンソ以上の人材を見つけるのは難しい。ペップの再来であり、クワトロ（4）なのに背番号が3というところも現役時代のグアルディオラそのままである。昨季、シーズン当初の懸案事項がこのポジションだった。チアゴ・アルカンタラ、ハビ・マルティネスが候補だったがどちらも負傷で離脱。シュバインシュタイガーで開幕を迎えたものの、いまひとつフィットしなかった。シュバインシュタイガーではカウンターを受けたときの守備面でのスピード不足が目立ち、パスワークでもボールロストが散見された。結局、ラームをサイドバックからコンバートしたら一番上手くこなせたので、ラームがこのポジションの第一人者に収まっていた。

シャビ・アロンソの効果は、まず何といってもパスワークの軸としての実力である。ラームも上手かったが、長年ここをやってきたシャビ・アロンソはボールの動かし方を熟知している。ボールを持ったベナティアやボアテングに一瞬でも迷った様子があれば、即座にシャビ・アロンソから指示が出ていた。

シャビ・アロンソの加入で、ユーティリティー性の高いラームを別のポジションに使えるようになったのもメリットといえる。アラバと同じように遊軍として、さまざまな調整と相手の意表をつく戦術上のキーマンに使えるわけだ。

ちなみに、対戦相手のローマにもデロッシというこのポジションの第一人者がいるのだが、バイエルンとの2試合ではシャビ・アロンソと明暗を分けた。それは2人の力量差というより、チームとしてのアンカーの生かし方の差といっていい。

この件に関しては、ローマで行われた7－1のゲームのほうで説明したい。

この試合でローマはイトゥルベ、トッティ、ジェルビーニョの3トップだった。対するバイエルンはベナティア、ボアテング、アラバの3バックである。3トップに3バックでは数的優位を作るバイエルンの戦術の原則から外れているのだが、3バックの前にいるシャビ・アロンソを入れれば4対3なのだ。ローマは4－3－3、もう少し詳しく書けば4－1－2－3である。「1」はデロッシでディフェンスラインの前にいる、シャビ・アロンソと同じ役割だ。ということは、バイエルンのDFとローマのFWが3対3のマッチアップといっても、シャビ・アロンソは常にマッチアップのない〝浮いた〟ポジションにいることがわかる。守備はともかく（それについてはまた後で）、攻撃における数的優位は作れる状態になっているのだ。

典型的なのが前半20分の場面。GKノイアーが近くのアラバへつないだとき、ローマはバイエルンの3バックに対して3人のFWがプレスをかけにいこうとした。他の選手もきれいに1

対1ができていた、シャビ・アロンソを除いては（図13）。

ローマはDFで1人の数的優位を持とうとしていた。だから、バイエルンの選手は誰か1人がフリーになる。それがシャビ・アロンソだったわけだ。ローマは3トップが3バックを全部抑えたのに、あっさりシャビ・アロンソにつながれている。ローマの3トップがいっせいに脱力したのも無理はない。ハメにいったつもりが、全然ハマってなかったのだから。

ただし、この場面でローマのMFの誰かがシャビ・アロンソをマークしたとしても、おそらくシャビ・アロンソはDFと並ぶ位置までポジションを下げていたと思う。つまり、一時的にDFの数を4人にして、ローマのFW3人に対して数的優位をディフェンスラインの位置で作ったはずなのだ。そのときにローマのMFが深追いしてくることはまずない。仮にそのままシャビ・アロンソをマークすれば、ラームかゲッツェあたりがシャビ・アロンソが元いた位置に引いてくるので、そこへつながれてしまうだろう。

シャビ・アロンソはDFの前、あるいは一時的に後ろ、いずれかにポジションをとって常にフリーな状態でボールを持てるような状況を作る。そして、それに相手がどう対応するかによって、味方の誰が新たにフリーになるかもわかっている。

では、この試合でデロッシがどうなっていたかチェックしてみよう。バイエルンとの違いがよくわかる（図14）。

図13 ローマvsバイエルン 前半20分

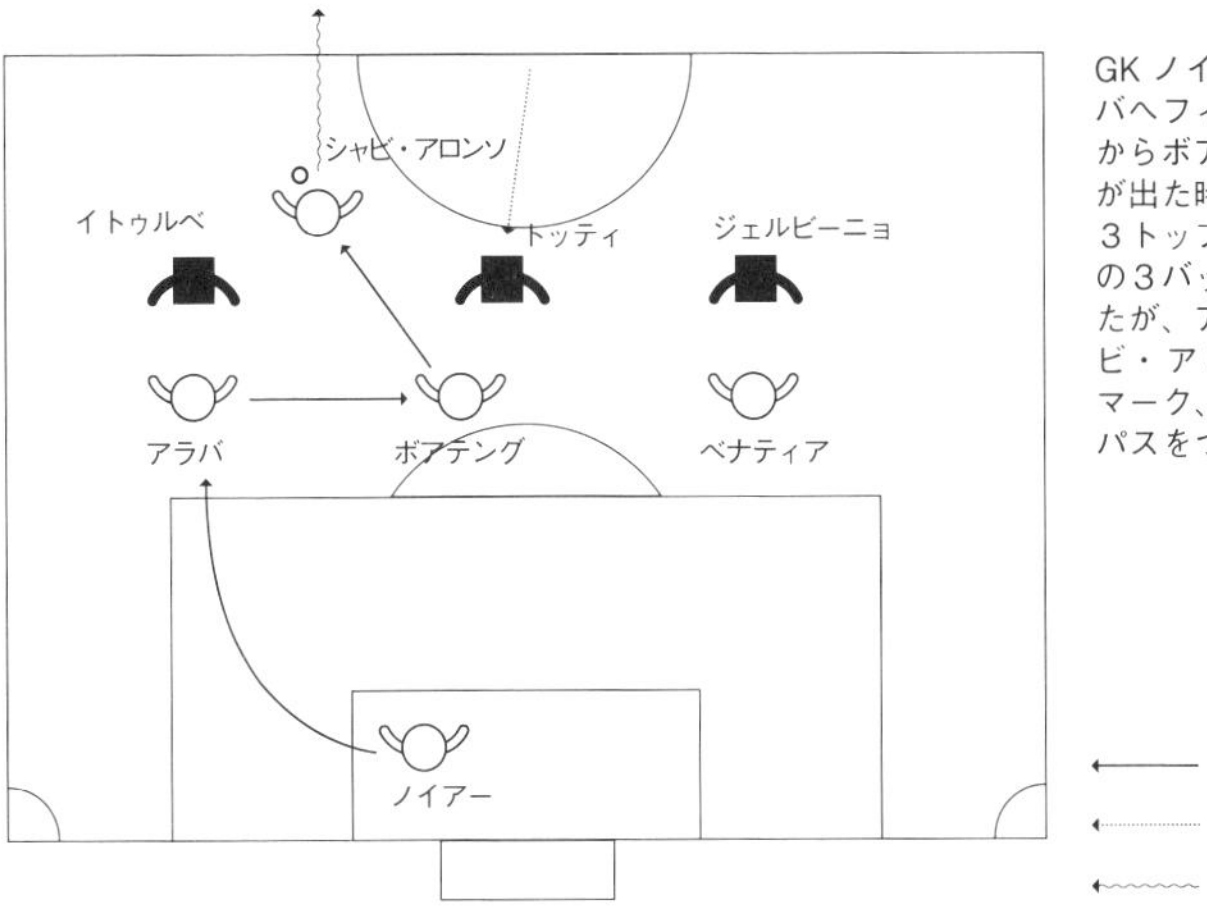

GKノイアーからアラバへフィード。アラバからボアテングにパスが出た時点でローマの3トップがバイエルンの3バックにプレスしたが、アンカーのシャビ・アロンソがノーマーク、難なくそこへパスをつながれる

図14 ローマvsバイエルン 前半23分

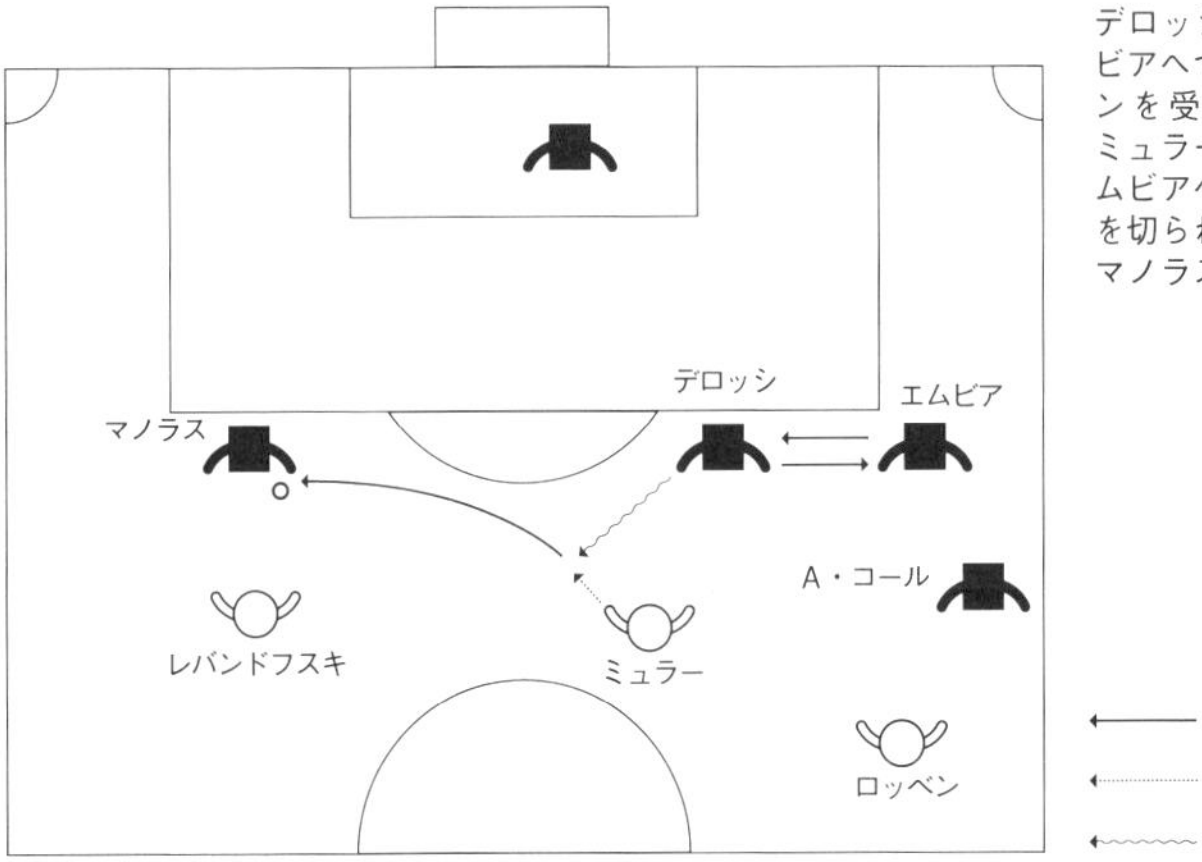

デロッシがFKをエムビアへつなぎ、リターンを受ける。そこへミュラーが寄せる。エムビアへのパスコースを切られたデロッシはマノラスへパス

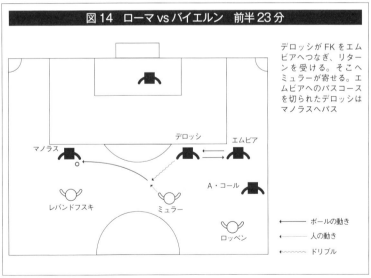

前半23分、センターバックの間に下りたデロッシがフリーでボールを持つ。この時点でローマの最終ラインは2人のセンターバックとデロッシの3人。対するバイエルンは2トップのレバンドフスキとミュラーが前面に立っている。この試合のバイエルンは珍しく2トップだった。ゲッツェをトップ下に起用したのは、おそらくデロッシとマッチアップさせるためだろう。ただし、デロッシがディフェンスラインに下りたこのケースでは、ゲッツェは深追いしていない。

デロッシはドリブルしながら前方へのパスコースを探したが見当たらず、右にいたマノラスに横パスを送る。これでもう詰んでしまった。デロッシはすでにミュラーに寄せられていて、マノラスからデロッシへのリターンはない。さらに、ミュラーはデロッシよりも3メートルほどGK寄りに動いていて、デロッシとGKへのバックパスの両方へ反応できる構えをみせていた。この2つのパスコースに備えるミュラーの守備対応はバイエルンのプレッシングにおける秘訣ともいえるのだが、それについてはまた後で説明する。

パスを受けたマノラスの選択肢は縦へのロングパスしかなくなっていた。寄せてくるレバンドフスキには中へのコースを切られ、デロッシとGKはミュラーに警戒されている。それ以外の近場の味方は、もともとデロッシが持っていた時点で抑えられているのだから、縦へ蹴り出すしかないわけだ。結局、マノラスはトッティへの長めの縦パスを狙ったがカットされてしまう（図15）。

図15 ローマvsバイエルン 後半23分

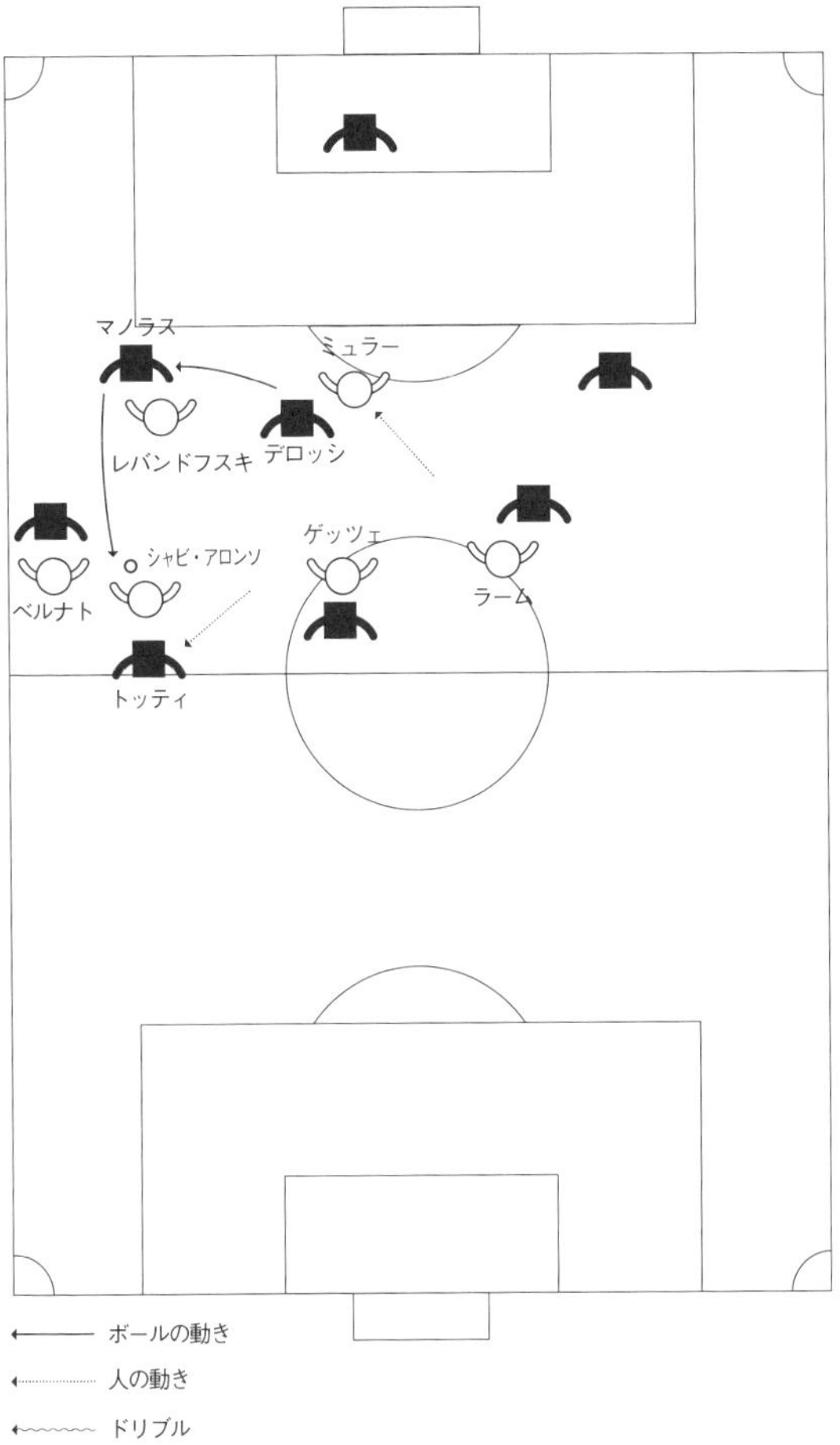

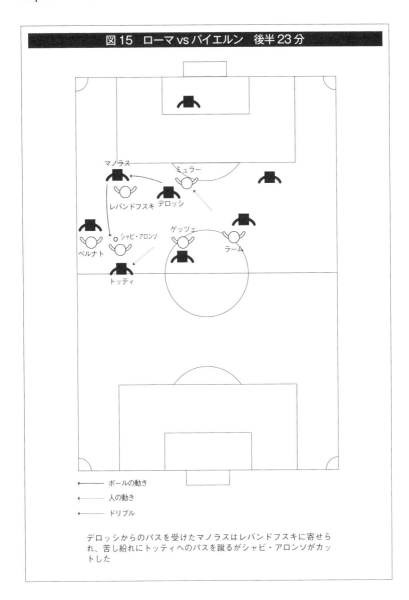

デロッシからのパスを受けたマノラスはレバンドフスキに寄せられ、苦し紛れにトッティへのパスを蹴るがシャビ・アロンソがカットした

バイエルンとローマの違いが顕著に出ていた。ローマがシャビ・アロンソを放置していたのに対して、バイエルンはもともとゲッツェをデロッシにマッチアップさせている。だが、デロッシがセンターバックの間に入ったので深追いはしていない。闇雲に3トップが3バックをハメにいったローマとは違い、ローマの3人には2トップで対応していた。つまり、数的不利なのはバイエルンの最前線だけで、そこから後ろは1人の数的優位を持っているわけだ。デロッシもそれは承知しているからドリブルで少し前に出てマークされている味方がフリーになる機会をうかがったのだが、誰のマークもはがれず、自分はミュラーに寄せられて右方向（マノラス）へのパスしか出せなくなった。これでローマのディフェンスラインにおける数的優位もなくなり、要するに詰んでしまったわけだ。

アンカーの能力自体に差はなくても、それをどう生かすかのチーム戦術に差があった。

バイエルンの場合は、シャビ・アロンソがマークされても、それによってフリーになるセンターバックのゲームを作る能力が高い。ボアテングはそれほどパスの上手い選手ではなかったのだが、グアルディオラ監督の下で2シーズン目を迎えてかなり上達している。チームのプレースタイルがスキルの上達をうながすからだろう。

ビルドアップに対してどう守備をするかの守備戦術にも差があった。ローマが3バックに3人がプレスに行きながら、シャビ・アロンソをノーマークにするミスを犯していたのに対して、バイエルンは詰め将棋のように着々と追い込んでいった。アンカーを含んだ後方のパートに関する攻守で、すでにバイエルンはローマに完勝していた。

《暗号解読3：プレッシング》

DFで1人の数的優位、FWで1人の数的不利、それ以外はすべてのポジションを1対1にしてオールコートでプレスをかける。これがアヤックス型の基本型になる。マルセロ・ビエルサ監督の率いるマルセイユは、まさにこの基本どおりのやり方であった。

バイエルンも同じなのだが、プレッシングの勢いはもっと鋭く、OMほど忠実なマンツーマンでもない。マンツーマンを崩しているから強いプレスがかかるともいえる。

ここで、前記したローマで行われたほうの試合の前半23分のシーンを使って、このテーマを掘り下げてみよう。

おさらいすると、ローマ陣内深くの間接FKをデロッシがエムビアへつなぎ、リターンを受ける。この時点でローマの最終ラインは右からマノラス、デロッシ、エムビアの3人である。バイエルンはミュラーがボールホルダーのデロッシに正対、右サイドのマノラスにはレバンドフスキがついている。ローマの左サイドにはアシュリー・コールがいるが、ここにはロッベンがマークしている。

今回は、マンマークをしているバイエルンの選手たちがどういう動きをしているかに注目してみる（図16）。

まず、デロッシのドリブルに対してミュラーが自分の左側へ追い込んでいるので、ローマはエムビアがフリーでいるが、ここにパスが来る可能性はない。従って、ロッベンはコールのそばにポジションをとっている。

ただ、仮にデロッシが鋭くターンしてミュラーのマークを外し、フリーのエムビアにつないだときはどうするか。おそらくロッベンはコールのマークを捨ててエムビアへプレッシャーをかけていくと思う。

なぜそう思うかというと、バイエルンのマークは常に〝半分ずつ〟の意識を持っているからだ。半分とは、自分のマークしている相手への意識が半分と、相手ゴール方向への意識が半分である。具体的にみていこう。

①ロッベン＝コールへのマークとエムビアへのプレス
②ミュラー＝（デロッシがマノラスへパスした後）デロッシとGKへのプレス
③ゲッツェ＝ピャニッチへのマークとミュラー、レバンドフスキのカバー
④シャビ・アロンソ＝トッティのマークとベルナトへのカバー

追い込まれたマノラスからトッティへの縦パスが出る状況で、ミュラー、ゲッツェ、シャビ・

図16 マークの"ハーフ&ハーフ"

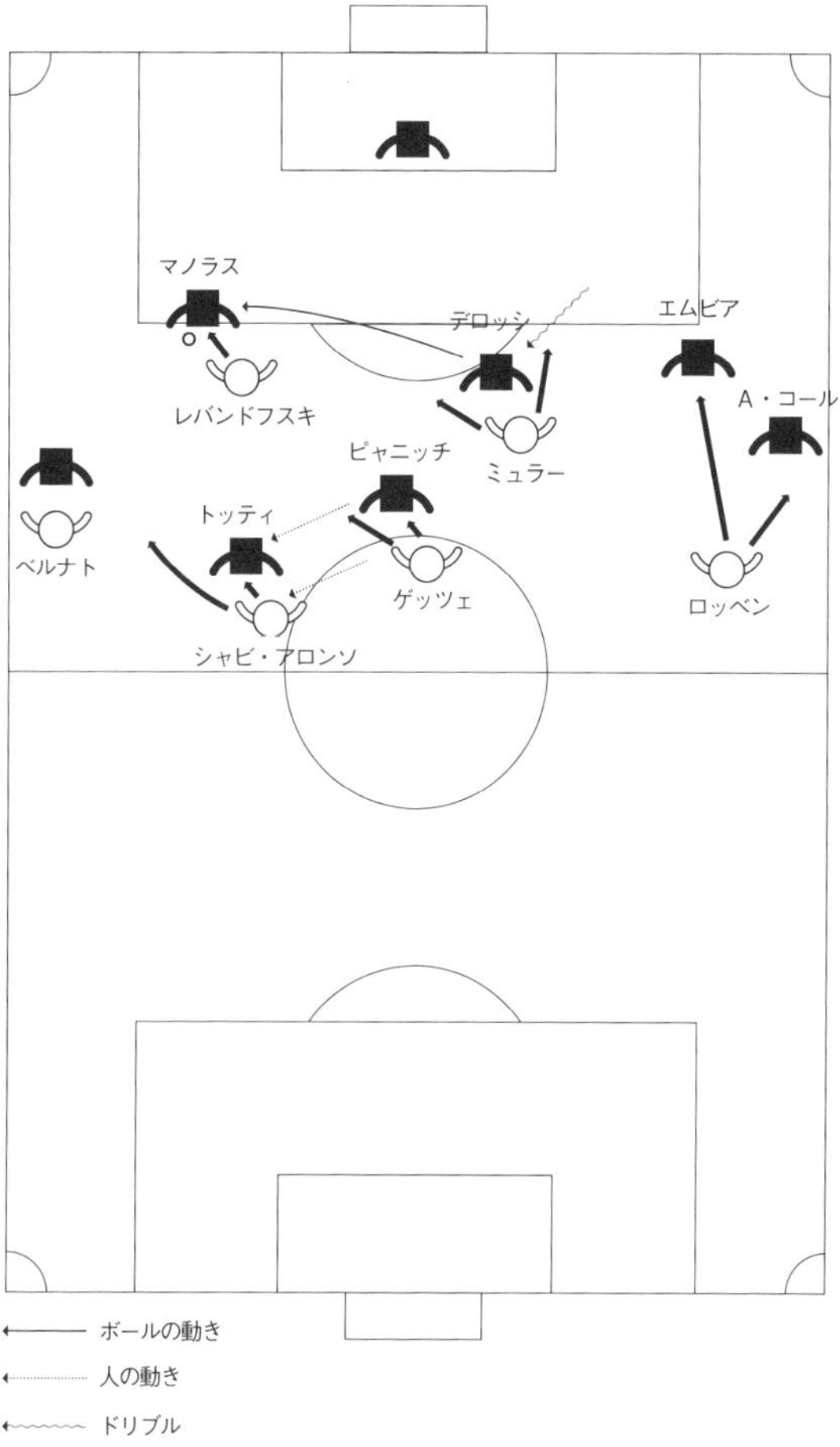

バイエルンの選手はボールにプレッシャーがかかった段階で、マークしている相手と、さらに前方への守備意識を持つ

アロンソは実はマークの原則を外している。マークする相手と自陣ゴールを結ぶ線上にいるという原則だ（図17）。ミュラーはデロッシよりもGK側にいて、ゲッツェはピャニッチよりボールを持っているマノラスの側にいる。シャビ・アロンソもトッティより相手ゴール側にいる。いずれもマークしている相手のすぐ近くにはいるが、自陣ゴール側にはいないのだ。

そうしている理由の1つは、パスコースを遮断するため。マークしている選手へのパスが出てから守備をするのではなく、予めインタセプトできる位置を占めているわけだ。もし、自分の背後にいる相手にパスが渡ってしまったとしても、すぐに守備に入れる距離にはいる。

もう1つは、守備のベクトルを常に前方、相手ゴール方向へ持つため。準備している次のプレーが、基本的に前方へのプレスなのだ。

全体が前掛かりになっている。この場面ではマノラスとトッティの間に入ったシャビ・アロンソがパスをインタセプトしてボールを奪回しているが、もしパスがトッティに通っていたとしても、アラバがトッティに対しての守備ができる位置どりになっていた。後方の選手は、前方の味方が背中に置いた相手に対して前掛かりの守備をする備えをしているわけだ。

半分は前方への意識を持ちながらのマークの仕方が、より強力なプレスを生み出している。バイエルンはこの〝ハーフ&ハーフ〟の守備が徹底していて読みも鋭い。同じやり方で守っているはずのOMはこの点がまだまだで、マンマークで相手についているだけというケースが多

図17 バイエルンのマーク

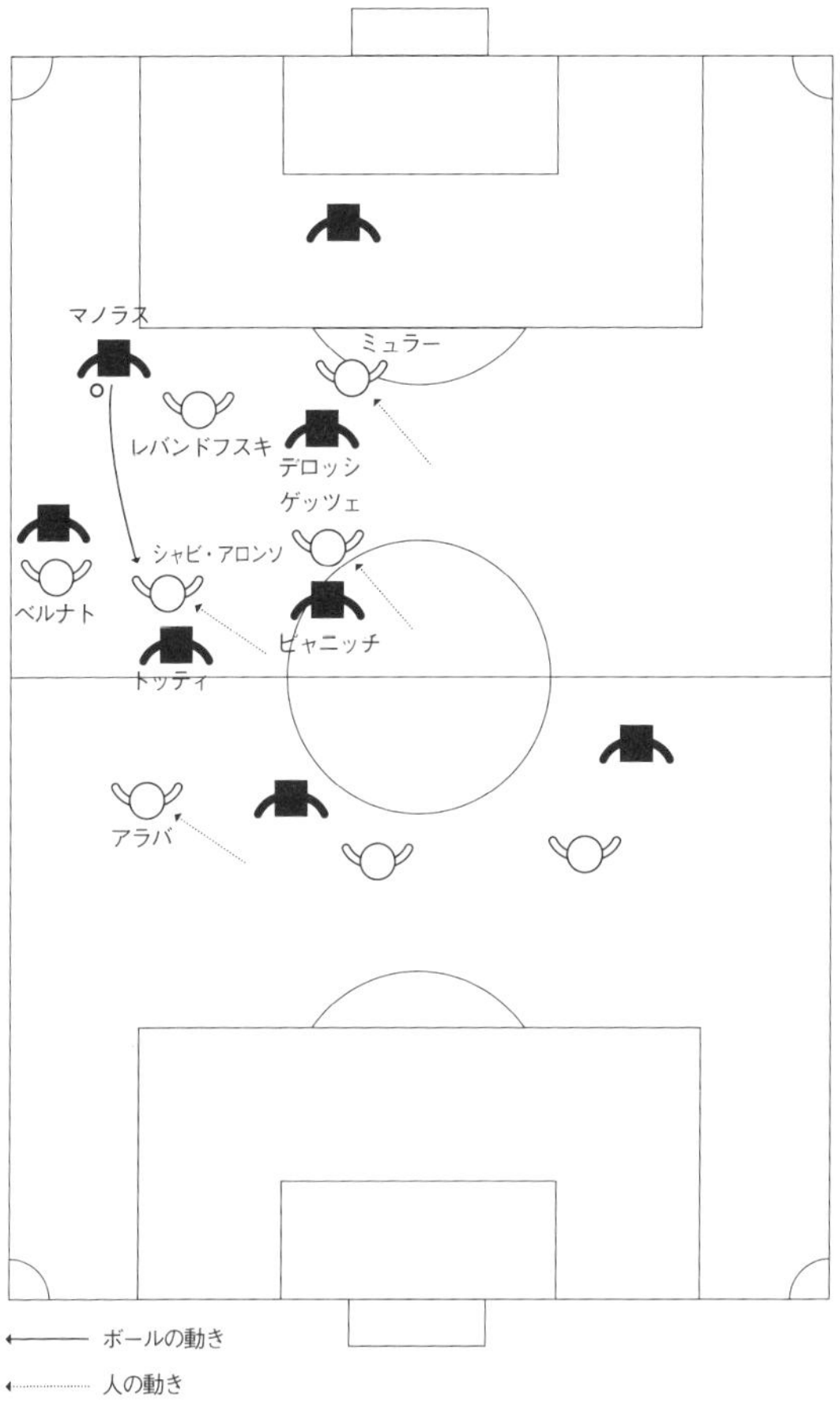

ボールへのプレスがかかったら、マークしている相手選手の前へ出てパスコースを遮断。より強いプレスをかける

かった。マーク相手を自分の背中へ置いて前へ行く決断と準備が、バイエルンに比べるとまだ弱い。マークは忠実にやっているので、パスの出る先についてはプレスがかかっているのだが、例えばボールホルダーがマークをかいくぐってフリーになったときのカバー、プレスの二の矢が、バイエルンに比べると遅い。

予想されるパスコースに対して、マークの原則どおり相手と自陣ゴールの間にいるか、ボールホルダーと相手の間に入ってしまうかは、わずかな違いのようだが差は決定的である。

原則どおりのマークでは、マークしている相手の足下へパスをつながれてしまう可能性がある（図18）。出足がよければインタセプトはできるだろうし、たとえパスをつながれても振り向かせないように対応すれば守備としては合格といえる。ただ、それではボールを奪いきる力は弱い。

一方、バイエルンのようにマークしている相手より相手ゴール寄りにポジションをとると、もうその選手へのパス自体が成立しない（図19）。ボールホルダーから見ると、パスを出したい味方がバイエルンの選手の陰に入ってしまっている。足下へつないでキープさせ、リターンを受けるなど、次の展開へ持っていくプランが立たないのだ。

もちろん、バイエルンがこのマークの仕方をやれるのは、ボールホルダーにプレッシャーがかかっているからである。

図18 原則どおりのマーク

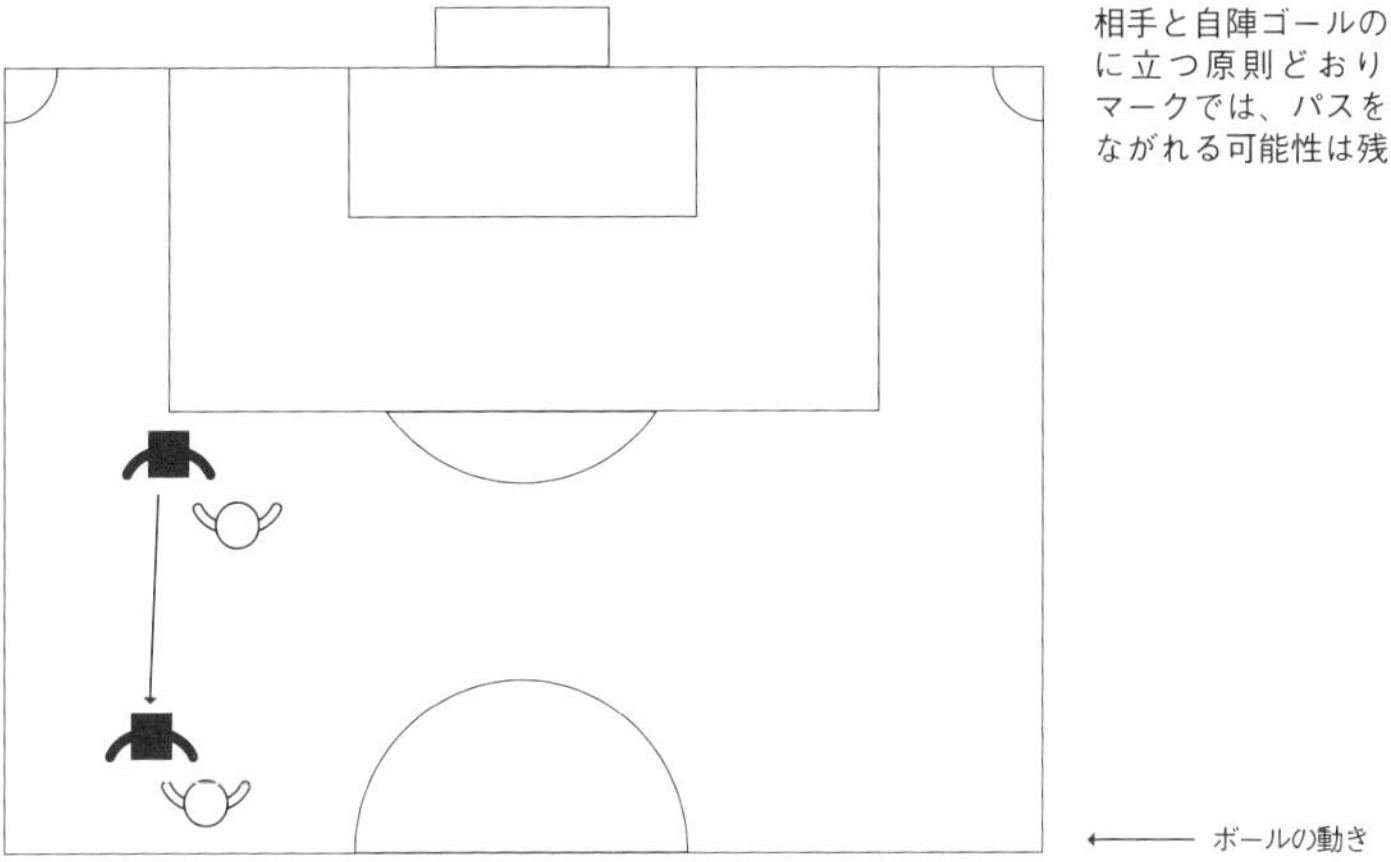

相手と自陣ゴールの間に立つ原則どおりのマークでは、パスをつながれる可能性は残る

図19 原則を外したマーク

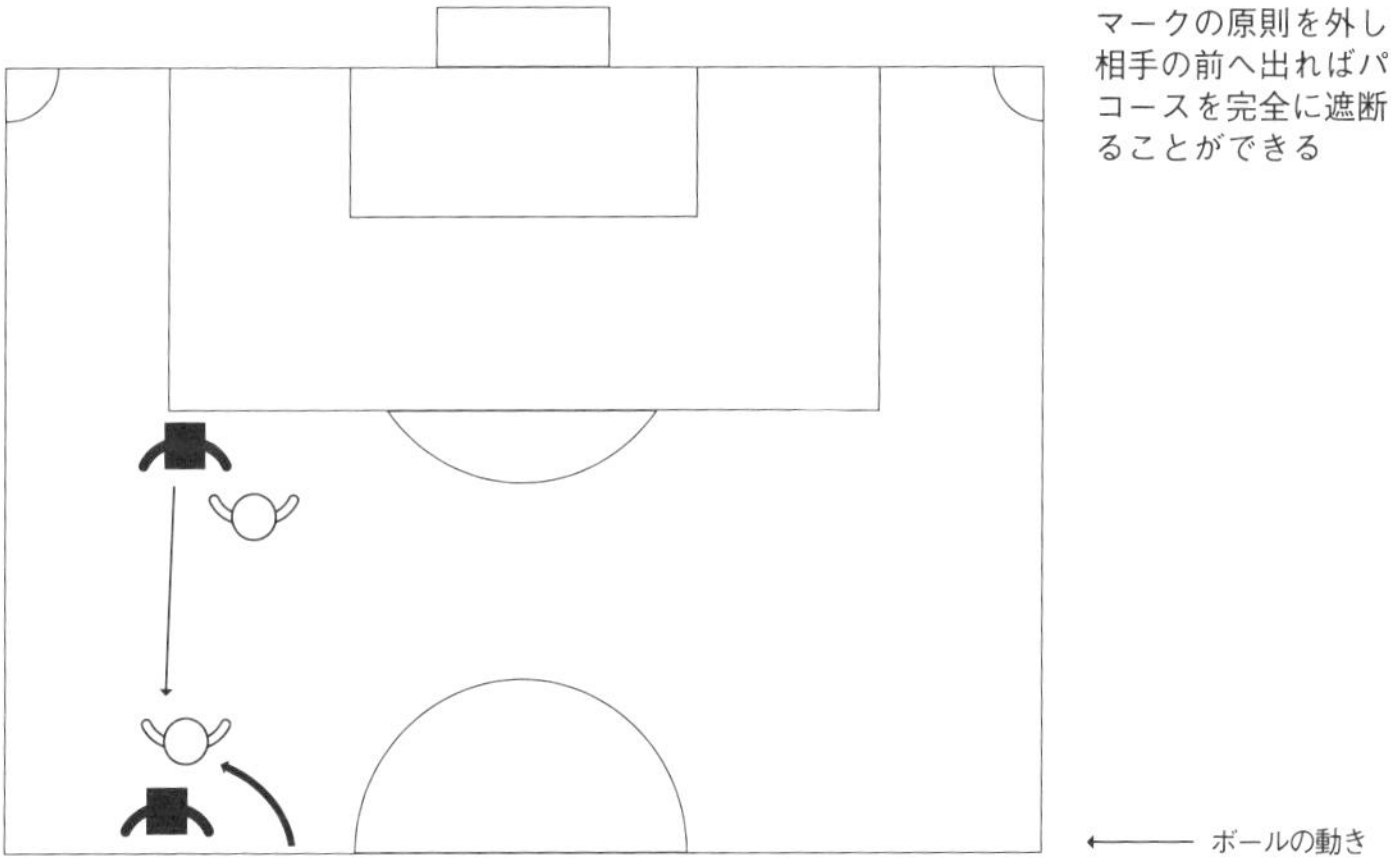

マークの原則を外して相手の前へ出ればパスコースを完全に遮断することができる

ボールを持っている相手にプレッシャーがかかっていてパスコースが限定されているとき、そのコース上にいる2、3人の相手に対して、バイエルンはこうしたマークの仕方をしている。もし、ボールを持っている選手へのプレッシャーがなければ、マークしている選手が目視できない場所にいるのはかえってリスクになってしまう。ボールを持っている相手に良いプレッシャーがかかっていることが条件だ。

ところで、前掛かりのマークをするバイエルンは、ボールをカットしたときのポジションも有利になっている。

例のシーンでいえば、ゲッツェはピャニッチより相手ゴール側で守っていた。つまり、攻守が入れ替わった時点でゲッツェはピャニッチより相手ゴール側にいて、マークを外して背後をとったのと同じ状態になっているわけだ。

ボールキープ率が高く、敵陣に押し込んでいる状態が長いことも、バイエルンのプレスを強めている要因である。すでに攻撃でコンパクトになっているので、ボールを奪われたときもプレスがかかりやすいからだ。グアルディオラ監督は、ボールポゼッションに関して「固執しているわけではない」と言いながら、「20本ぐらいつながないとコンパクトにならない」とも話している。ポゼッションによって相手を押し込み、味方の距離も近くなるので、奪われたあとのプレスもかかりやすい。そのためのポゼッションというわけだ。

つまり、プレッシングとポゼッションは表裏一体であり、その循環を作れるかどうかが、このスタイルの成否にとって重要なカギになっている。

できるかぎり前掛かりに、ベクトルを相手ゴールに向けたままの守備を継続する。ボールにプレッシャーがかからない状況がほとんどない。バイエルンのプレスの強度は非常に高いわけだが、現象として面白いのは一時的に相手がフリーになったときのほうがプレスの強度が増すということだ。

マークをつかみきれていなかったり、プレスを上手くかいくぐられたときなど、相手がフリーになってしまうことは何回かある。ただ、そうなってもバイエルンの優先順位は前方プレスだ。マークが外れているのだから、前掛かり守備では後方の選手がそれを拾わなくてはならない。拾うために30〜40メートルも全力疾走で寄せていくこともある。シャビ・アロンソ、アラバ、ボアテングが、後方から一気にフリーになっている相手めがけてサイレンを鳴らしながら急行していくので、ものすごく迫力がある。ちゃんとマークにつけている状態よりも、よりダイナミックなプレッシングにみえる。

実は、このスタイルの原型である1974年のオランダ代表も同じだった。相手がフリーになる→緊急対応で後方の選手が自分のマークを捨ててプレス→その捨てたマークを拾うために他の選手が動く→後方の人数が足らなくなるのでラインを押し上げる→前方はプレスバック！

むしろ緊急対応時のほうが〝ボール狩り〟という表現にぴったりだった。

そして、弱点についても引き継がれている。前掛かりのプレスがハマっていて、ずっと動きのベクトルが相手ゴールに向かっているときは確かに強い。相手はほとんど自陣から出られない時間が続く。バイエルンの一方的なペースで試合は進んでいく。ところが、たまにベクトルが自陣方向になったときに大きなピンチに陥りやすい。まあ、下がりながらの守備はどんなチームでもより難しいわけだが。

やはりローマでの試合、前半10分の場面でみてみよう（バイエルンのホームのほうを取り上げたいのだが、ほとんど守備の場面がないのだ）。

これは前掛かりプレスが裏目に出たケースである。ハーフウェイラインあたり左サイド、ローマのMFナインゴランがこぼれ球を拾った。ナインゴランは前を向けず、半身でボールをキープする形になったので、バイエルンはここぞとばかりにプレスにいく。この瞬間の位置どりを確認しておこう（図20）。

①ナインゴランにはラームが厳しく寄せている

②ナインゴランより後方のローマの選手は3人（GK含めると4人）

③バックパスを予測したミュラー、ゲッツェ、レバンドフスキがそこへプレス

ところが、ナインゴランは半身の体勢から体をひねって右前方のピャニッチへパスを通した。

図20 ローマ vs バイエルン 前半10分①

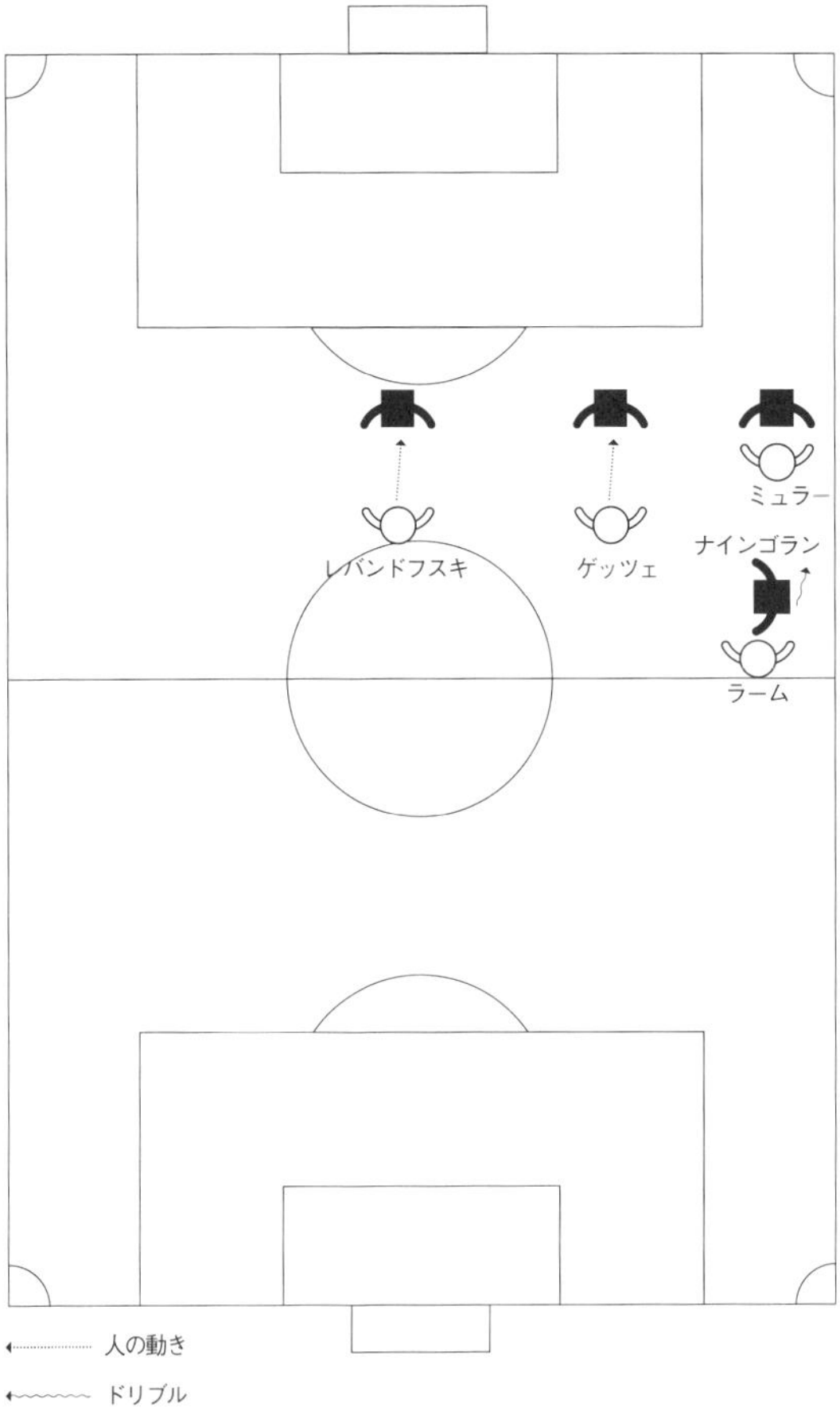

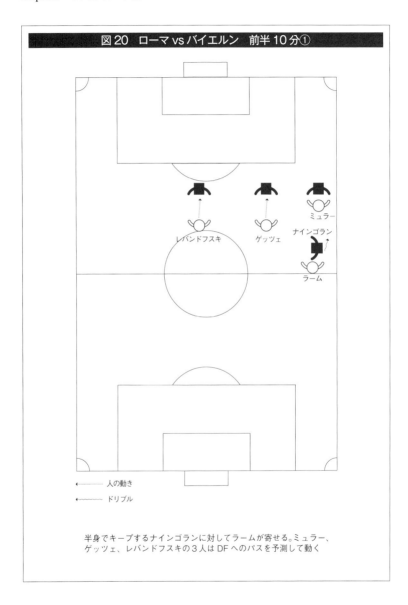

半身でキープするナインゴランに対してラームが寄せる。ミュラー、ゲッツェ、レバンドフスキの３人はDFへのパスを予測して動く

センターサークルでパスを受けたピャニッチはフリーだった。しかも、どフリーといっていい状態だ（図21）。

この状況でピャニッチにマッチアップしていたのはシャビ・アロンソなのだが、最初にトッティをマークしていたロッベンが前に出てコールへのマークに切り替え、ロッベンが後方へ置き捨てたトッティに対して、シャビ・アロンソが拾いにいった段階でピャニッチへパスが出てしまったわけだ。

バイエルンの守備戦術からいえば、どの選手も間違ったことはしていない。ラームに体をつけられていたナインゴランがバックパスを選択するだろうという予測は当然で、それに従っていっせいに相手ゴール方向へのプレスを開始、その過程で捨てたマークは後方の味方が拾う。ところが、出ないと思っていた前方へのパスを出され、ピャニッチにはマークがついていなかった。シャビ・アロンソの後方にいたＤＦ陣からは距離が遠く、ボアテングもアラバも前へ動くのは危険だったからだ。

こうなってはじめて、バイエルンの守備のベクトルは自陣ゴール方向になる。

シャビ・アロンソがターンしてピャニッチを追う。ベナティア、ボアテング、アラバの３バックはフラットラインを形成して待ち構える（図22）。シャビ・アロンソがディレイしてくれればラインを上げてしまうつもりだったのだろう。そうすればイトゥルベとジェルビーニョは

図21 ローマ vs バイエルン 前半10分②

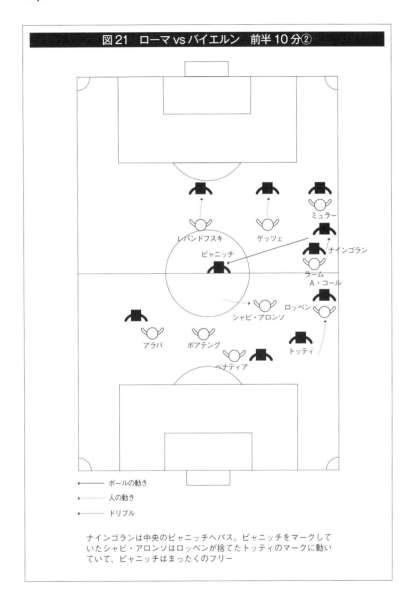

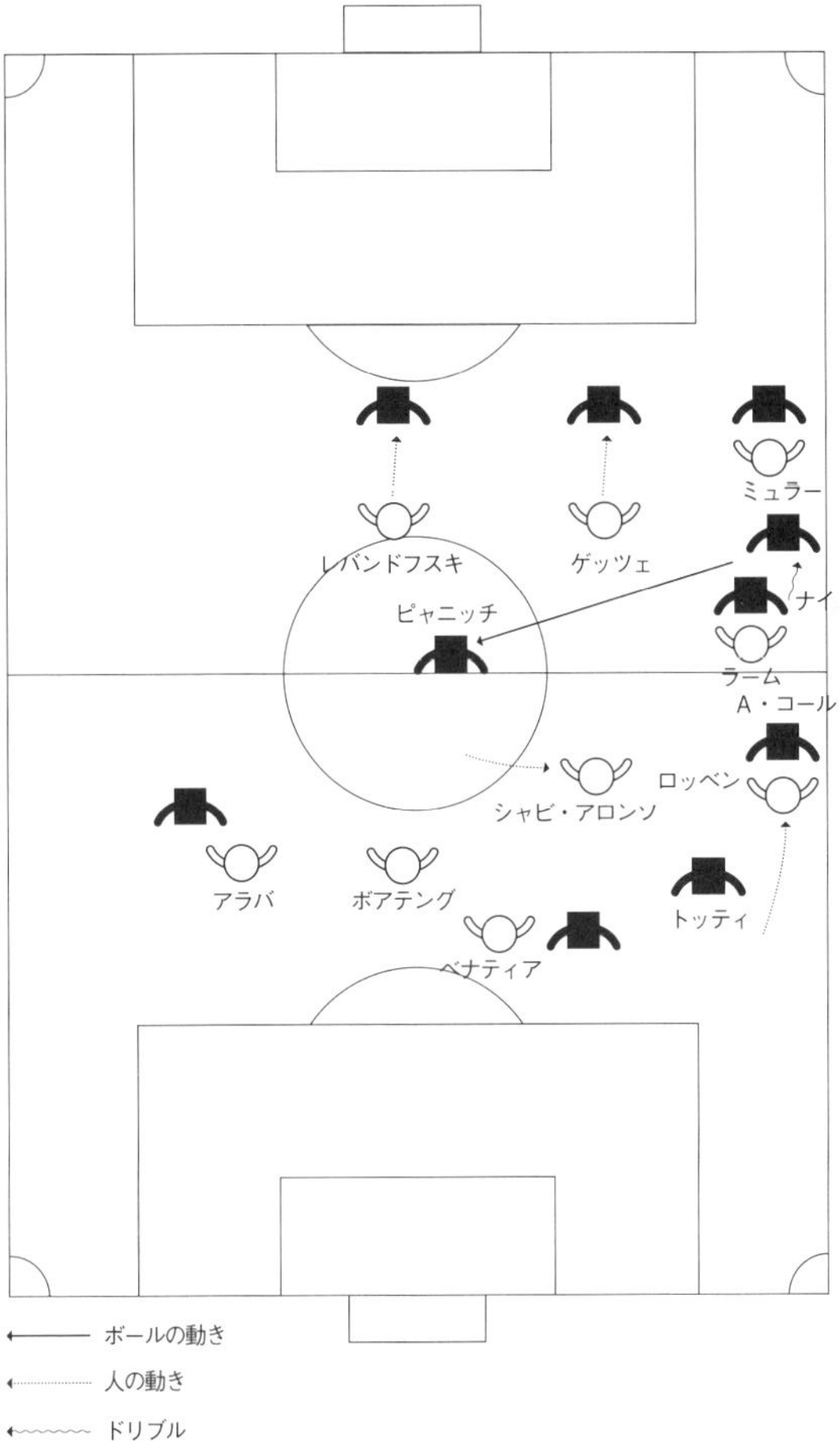

ナインゴランは中央のピャニッチへパス。ピャニッチをマークしていたシャビ・アロンソはロッベンが捨てたトッティのマークに動いていて、ピャニッチはまったくのフリー

オフサイドポジションに置けるので、少し遅れて上がってきたトッティへの前向きの守備ができる。この段階に至っても、まだ前方へ守備のベクトルを変えるのを諦めていないのには感心するが、ピャニッチはスムーズにターンしてドリブルで前進する。ここで3バックはいっせいに後退、ひたすら後退である（図23）。

撤退戦略にはとくにバイエルンらしい特徴はない。まず中央を固める。左サイドのベルナトが絞り込み、間隔を開けずに後退する3バックに並ぶ。まず中央、とにかく中央、ゴールへの最短ルートを防ぐ。当然サイドは空く。上がってきた右サイドバックのトロシディスはまったくのフリー、そこへピャニッチからのパスが通る。ベルナトが外へ出て対応、3バックはさらに後退。トロシディスの狙った3バックとGKの間への低いクロスボールは少し球足が長くGKノイアーがキャッチしたが、快足ジェルビーニョがつっこんでいてぎりぎりだった。

バイエルンは相手ゴール方向への守備、プレッシングを身上とする。そのためのメカニズムが出来上がっていて、選手の判断や行動も素早い。だからこそ、このシーンのように裏目に出るとピンチの度合いも大きくなる。ハイリスク・ハイリターンなのだ。

ズデニク・ゼーマンが「相応しい選手がいないのにやるのは問題」と言うのは、こういうリスクもあるからだろう（ちなみにゼーマンの戦術はもっとリスキーなのだが）。とはいえ、バイエルンの場合は相手ゴールへのベクトルを維持したままプレスを続ける時間のほうがはるか

図22 バイエルンのフラットライン①

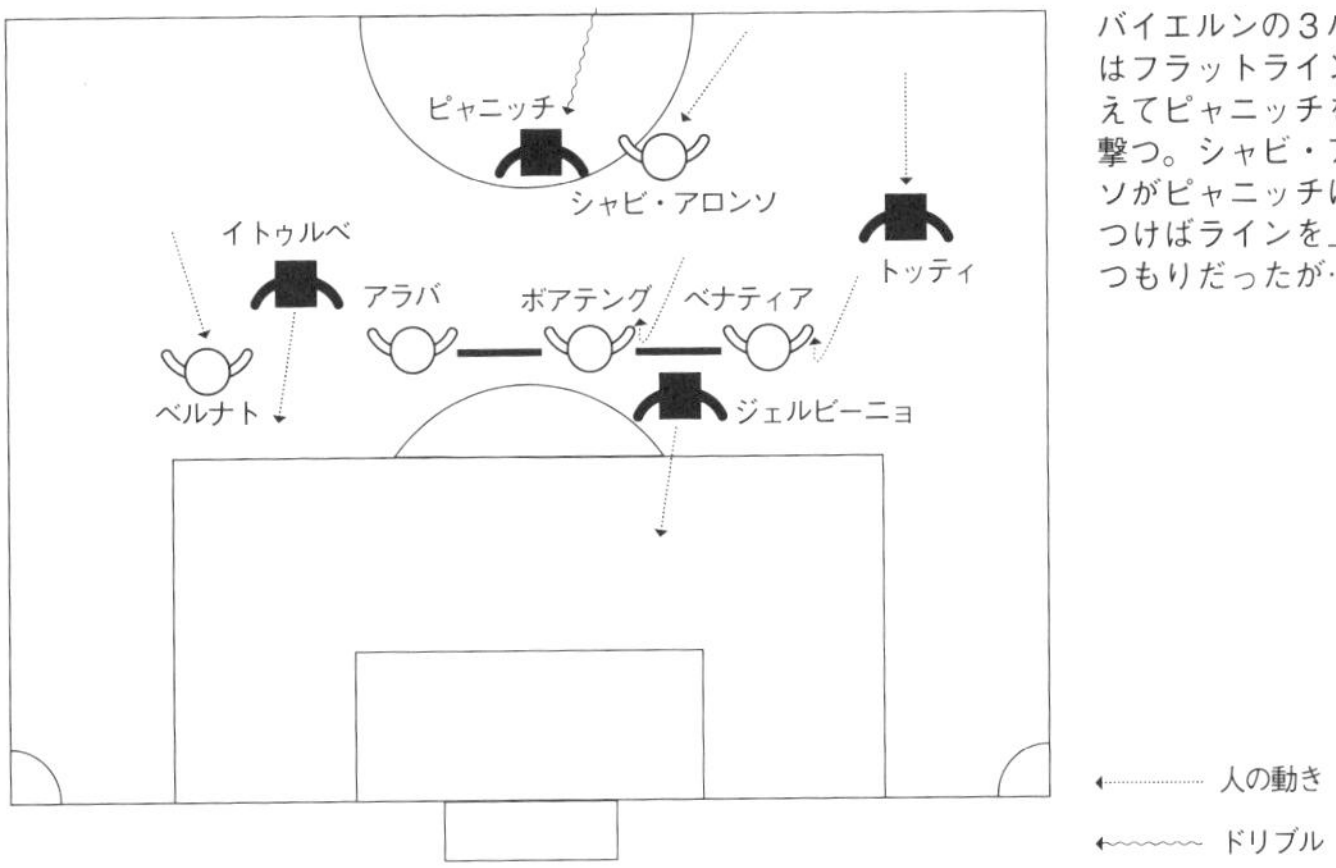

バイエルンの3バックはフラットラインを整えてピャニッチを迎え撃つ。シャビ・アロンソがピャニッチに追いつけばラインを上げるつもりだったが…

図23 バイエルンのフラットライン②

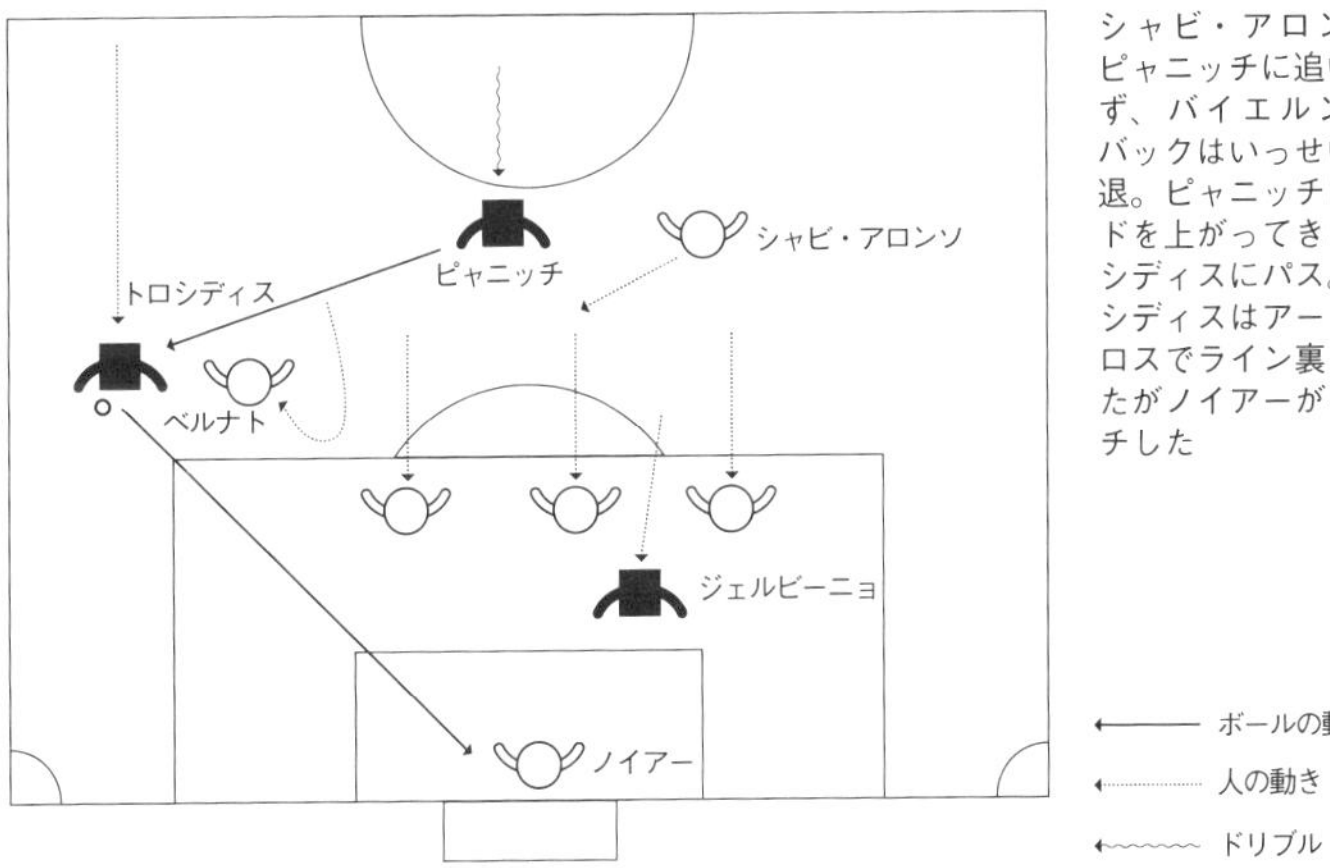

シャビ・アロンソはピャニッチに追いつかず、バイエルンの3バックはいっせいに後退。ピャニッチはサイドを上がってきたトロシディスにパス。トロシディスはアーリークロスでライン裏を狙ったがノイアーがキャッチした

に長く、リスクはあってもリターンのほうがはるかに大きい。ただ、こうした自陣ゴール向きの守備になることは必ず何回かはあり、そのときは決定機かそれに近い状態になりやすい。

整理しよう。まずはコンパクトな状態で攻守を行うことが条件になる。そのうえで、
①ボールホルダーには常にプレッシャーをかける。
②プレッシャーがかかったらマークの原則を外して相手の前に出る。
③後方に置いた相手は、後方の味方が受け取る準備をする。
ここで問題になるのが最終ラインだ。順番に前掛かりになれば、DFも前掛かりということになる。上手くオフサイドがとれればいいが、そうでないときはDFの背後をつかれてしまう。ここでバイエルンにとって大きいのが、GKノイアーの異常なほどの守備範囲の広さだ。GKも前掛かりなのだ。前へ出る決断力、スピード、DF顔負けのスライディングタックルの上手さなど、ノイアーのカバーリング能力は傑出している。

74年のオランダ代表にはヤン・ヨングブルートというGKがいた。前に出てリベロのようにDFの背後をカバーできる画期的なGKだった。ノイアーはヨングブルートの進化形で、現在最もパーフェクトなGKの1人である。

《暗号解読4：逆向きの三角形》

アリアンツ・アレーナでの試合を見ていて、何か昨季と違う気がしていた。プレッシングの強度や後方のビルドアップに磨きがかかっているのは確かだが、それは昨季もやっていたのだからそれではない。何だろうと思っていて、しばらくして気がついた。サイドのトライアングルの作り方が昨季とは逆なのだ。

トライアングル形成はパスワークの基本である。4－3－3の場合、サイドで最も高い位置にいるのはウイングになる。ウイングはタッチラインを踏むぐらい開いて幅をとるのがバイエルンのやり方だった。もちろん、流れの中で内側へ入っていくこともあるし、そのときにサイドバックが高い位置へ進出するのはアヤックス型の定番である。

左サイドでいえば、昨季は左タッチライン際の最も高い位置にリベリー、その右斜め後ろがクロース、クロースの左斜め後ろが左サイドバックのアラバというのが基本的なトライアングルの作り方だった。

実際のところは、クロースがアンカーの位置に下がっていて、その場所にアラバが上がり、左サイドバックの位置にはセンターバック左のダンテが来ていることが多かったのだが、それぞれの場所にいる人は違っても三角形の形は同じである。

ところが、今季はこれとは作ろうとしている三角形が違っていた。

まず、左サイドバックのベルナトがタッチライン際で高めの位置をとる。そして、ベルナトの右斜め前がリベリー、右斜め後ろがMFのアラバなのだ。ポジション番号で示すと、昨季は11番と5番が三角形の底辺だった。頂点の10番はフィールドの内側である。ところが、今季は11番と10番の底辺がフィールド側にあり、タッチライン側に5番がいる形になっている（図24）。

もちろん、常にそういう三角形になっているわけではない。昨季のような形のときもあり、そもそもトライアングルを作れていないケースもある。ただ、チームの狙いとして、最初にどのポジションをとろうとしているかは明白で、バイエルンが作ろうとしているサイドのトライアングルの基本形は昨季とは違っていることが見てとれたわけだ。

では、その目的は何なのか。

昨季の三角形の意図は明らかで、両ウイングであるロッベンとリベリーのドリブル突破を引き出すのが狙いだった。タッチラインを背にしてサイドいっぱいに開いている選手は、攻撃の起点になりやすい。中央のアタッカーは、パスを受けた時点で背中側に相手が張りついているので、ここにボールを落ち着けてじっくり攻撃を開始するというわけにはいかない。中央でその余裕があるのはセンターバックとアンカーあたりまでだ。攻撃の起点として最も高い位置どりができるのはサイドのプレーヤーである。

図24 三角形の比較

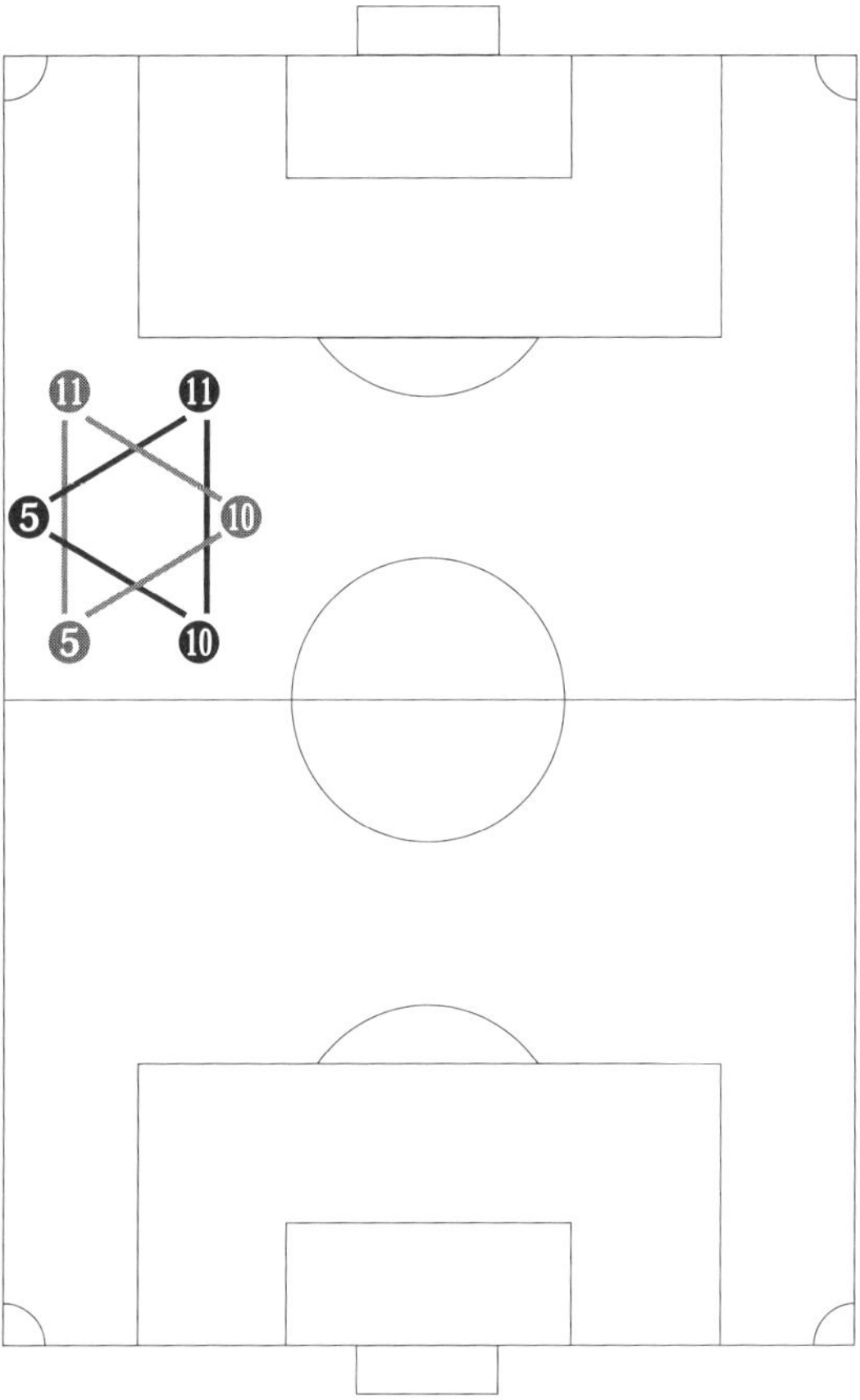

昨季（13-14シーズン）の三角形はタッチライン側に11番と5番がいた。ところが今季（14-15シーズン）は5番のみがタッチライン側にいて三角形の作り方が変化している

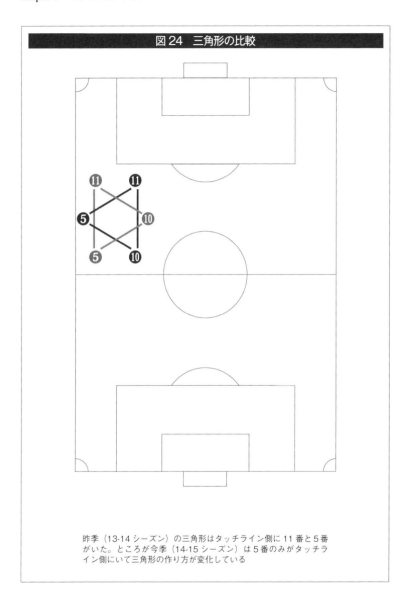

バイエルンはロッベン、リベリーへのパスが入りやすいような工夫もしていた。例えば、左サイドのポジションのローテーションには、リベリーへのパスコースを空ける意図があった。左サイドバックのアラバが左インサイドハーフに移動する過程で、まずボランチの左側の位置へ出る。このポジションならば、リベリーへのパスコースを確保しやすい。サイドバックがウイングと同じようにタッチライン際にポジションをとってしまうと、サイドバックとウイングの線上に相手選手が立つだけで、パスコースはほぼ遮断されてしまう。相手は1人で2人に対しての守備ができてしまうことになる。しかし、サイドバックがウイングに対して角度をつけたポジションをとることで、リベリーへのパスコースを空けられるわけだ。

ロッベンとリベリーが1対1で仕掛ける形さえ作れば、バイエルンは自動的にチャンスを作れるといっていい。突破力抜群のウイングにいい形でボールを持たせること自体が有効な戦術だった。しかし、ローマ戦ではリベリーを外へ張らせるのではなく、インサイドへ入れていた。外に張ってボールの落ち着きどころになっていたのは左サイドバックのベルナトである。

新しいトライアングルの意図を解すれば、ドリブルからパスワークへの変化だ。

ベルナトの斜め前にはリベリー、斜め後ろにアラバという三角形で、バイエルンが狙っているのはベルナトの前方のスペースである。昨季なら予めリベリーがいた場所だが、今季はリベリーが中へ入っている。ここで、相手の右サイドバックはリベリーをマークするかスペースを守るかの選択をしなければならず、それによってベルナトの前方のスペースにサイドバックがいるか、それとも無人かという2つの状況があるわけだ（図25）。

ペナルティーエリアの縦に引かれたラインに近いサイドのスペースは、「ニアゾーン」と呼ばれる。バイエルンの三角形は、このニアゾーンへの侵入を狙っている。

ニアゾーンが無人ならば、そこへリベリーやアラバが走り込む。相手は当然マークしてくるだろうから、ここへフリーで走り込むのはなかなか難しい。つまり、サイドのスペースへ動いてパスを受けながらコンビネーションを使ってニアゾーンへ入っていくプレーが多くなる（図26）。

右サイドバックがスペースを守っている場合は、リベリーのマークが浮いている。リベリーへつなげば、相手のセンターバックが出てくるか、サイドバックがリベリーへ寄せるかになり、センターバックが出てくれば直接中央への展開やリベリーのドリブルでニアゾーンへ入る展開が考えられる。サイドバックが来れば、サイドが空くのでベルナトへのリターンでの〝えぐり〟が使える。ほかにもいろいろな可能性があり、パスワークを使って変化のある攻め込みが期待できる。

昨季の場合は、基本的に〝ロベリー〟のドリブルにプラスアルファという構図だった。リベリーがボールを持ったときにアラバがインナーラップを仕掛けてニアゾーンに入るか、リベリ

ーがドリブルでそこへ侵入するか。左サイドでリベリーの後方にいるダンテがサイドアタック
に加わることはほとんどないので、実質的にはリベリーとアラバによる左サイドの攻略だった。
今季は、トライアングルを形成するベルナト、アラバ、リベリーの3人がサイドアタックに
関わっている。どの選手も縦への突破とクロスボールに威力がある。攻撃の厚みとバリエーシ
ョンについていえば、今季のほうが優っている。
ローマ戦の右サイドは、ラフィーニャ、ゲッツェ、ラームのトライアングルだった。こちら
も3人ともニアゾーン攻略に参加できる人選だ。ちなみにロッベンの場合はリベリーとは違っ
て、右に張り出す役割で起用されている。左でいえばベルナトの役割だ。3バックのときの右
のアウトサイドである。ただし、4バックの場合は右ウイングとして、左のリベリーと同様に
インサイドにポジションを移す。ロッベンはリベリーよりもウイング色が強いプレーヤーなの
で、右に関しては昨季と同じトライアングルのままのほうが威力があるかもしれず、このあた
りはけっこう柔軟にやっている印象だが。
ロッベン、リベリーという無双のウイングがありながら、あえてパスワークでニアゾーンを
つく攻撃を指向している理由について考えてみる。
まず思い浮かぶのは、開幕時点で2人のコンディションを予測しにくかったことがあげられ
る。リベリーは負傷していて開幕に間に合わないのはわかっていた。ロッベンのほうは、ブラ

図25 リベリーが作るスペース

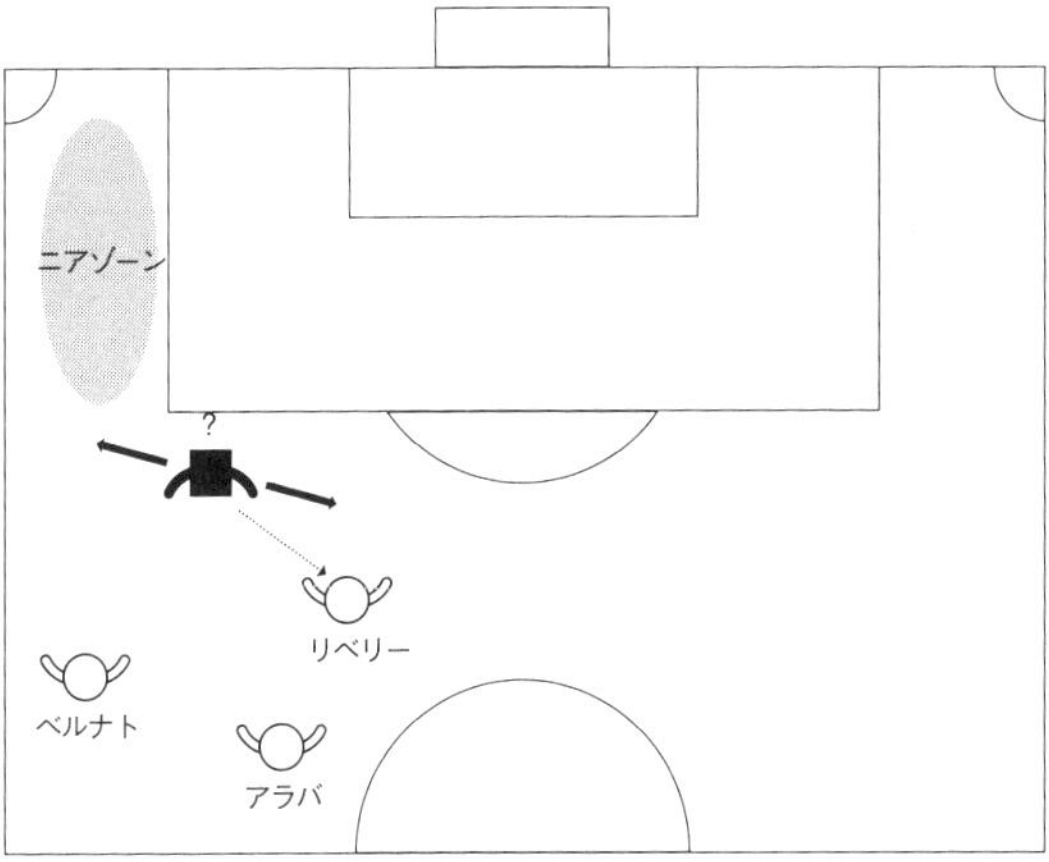

リベリーがウイングの位置から中へ引くことで、相手の右サイドバックを迷わせる。狙いはニアゾーンへの進出

図26 コンビネーションを使ってニアゾーンへ

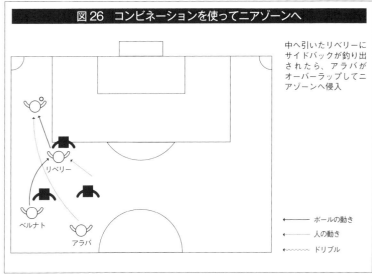

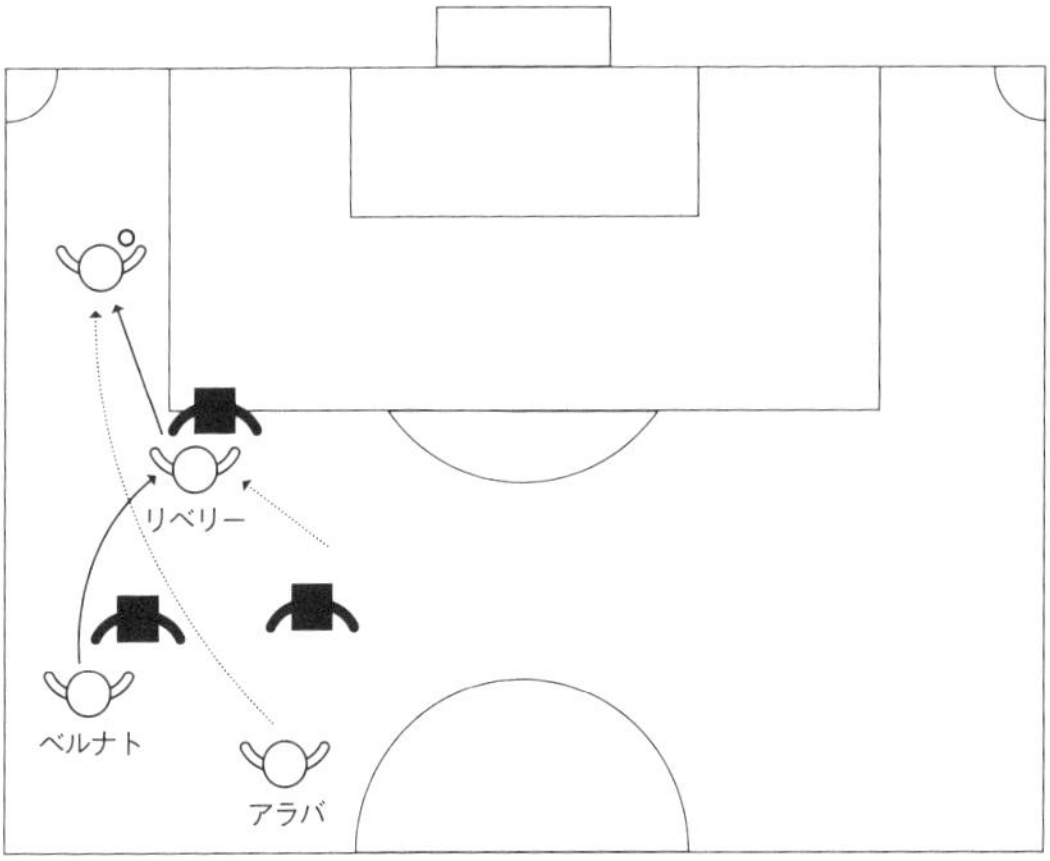

中へ引いたリベリーにサイドバックが釣り出されたら、アラバがオーバーラップしてニアゾーンへ侵入

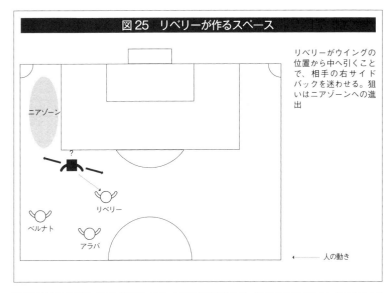

ジルW杯で7試合を戦った後なので休養が必要であり、トップコンディションで開幕を迎えられる見込みがない。つまり、〝ロベリー〟なしで前半戦を戦わなければいけなかった。彼ら抜きでの攻撃を確立する必要があったわけだ。

もう1つは、〝ロベリー〟頼みからの脱却である。昨季のCL準決勝では、レアル・マドリーに守備を固められると得点できなかった。相手にがっちり引かれた状況で中央を破るのは困難で、定石はサイドからの攻撃になる。サイドアタックのバリエーションを増やす必要があった。

レバンドフスキの背後にゲッツェ、ミュラーを2シャドーとして自由に動かし、サイドバックを起点とする昨季とは違う三角形でニアゾーンを攻略する。ニアゾーンに侵入できれば、そこからゴール前へのパスの距離は短くなるので、相手DFがパスに反応できる時間も短くなる。タッチラインに近い場所からのクロスに比べて、ニアゾーンからのパスはカットされるリスクが少ない。また、ピンポイントのパスが狙えるのでターゲットの数も増える。味方が密着マークを受けていても、スピードのあるパスを足下に入れてしまえば相手DFは反応する時間がない。つまり、ゴール前で厳しいマークを受けていてもダイレクトシュートを打たせるためのパスが出せるので、パスの標的もたくさんあるわけだ。

ニアゾーンを攻略して、守備を固めている相手からも得点できるチャンスを広げる。それがトライアングルの形を変えた理由と考えられる。

《暗号解読5：試合状況に合わせた変化》

さあ、今夜は3バックなのか、それとも2枚（4バック）なのか。気合いを入れて見はじめたアリアンツ・アレーナのローマ戦だったのだが、正直よくわからなかった。

バイエルンの立ち上がりに関して、実はこんな感じになっているゲームが多い。3なのか4なのかよくわからず、フォーメーションも定かでない…そして、おそらく意図的にそうしている。

相手が1トップであるにもかかわらず3バックを採用している（あるいはそう見える）理由もこのあたりにありそうだ。

バイエルンはキックオフから猛烈な勢いでプレッシングを敢行する。ただ、それについては相手チームも似たり寄ったりである。立ち上がりから落ち着いた展開というほうが少ない。序盤はお互いにフィールド全面でのプレス合戦の様相になりがちである。ロングボールの蹴り合いになりやすい時間帯だ。しかし、この時間帯でもバイエルンは自分たちのボールはつなごうとする。

相手は勢いに任せて前線からプレスをかけてくる。2人、ないし3人がバイエルンのDFに襲いかかってくる。そのとき、センターバックの数は2枚よりも3枚のほうが数的優位は作りやすい。バイエルン方式だとアンカーも加えて4人のブロックを形成したほうがボールを確保しやすい。相手の基本フォーメーションが1トップであるにもかかわらず、バイエルンが3バック編成になっている理由の1つがこれだろう。もう1つは、逆にバイエルンがプレスをかけるにあたって中盤を厚くしたい。3－6－1で中盤を厚くして、プレスのかかりを強くしたいということもあるに違いない。

ローマ戦では、時間の経過とともにバイエルンがボールを支配するようになり、それにつれてローマの守備時のフォーメーションは4－4－1－1に定まっていった。それに合わせてバイエルンは2バックにシフト、アラバは完全にMFの左にポジションをとるようになっている。試合が落ち着いたところで2バックになった。バイエルンの後方部にキープ力があるので、プレスをかけても相手はボールを奪えないし、ロングボールを蹴らせるのも難しい。そうなると、どうしても引かざるをえなくなる。引いてブロックを作る。するとバイエルンは前方へ人を投入して押し込み、試合の主導権を握る。この段階で試合は落ち着くわけだ。落ち着くまでの措置としての3バックなので、相手のトップの枚数はそれほど関係がないことになる。

一方、ローマで行われたゲームのほうは3バックのまま移行していた。相手がトッティの1トップ（3トップ）なのに3バックのままだったのは、バイエルンの最後部の作り方からするとイレギュラーといえる。こちらはバイエルンにとってアウェーゲームという事情があったからだろうと推測する。ホームに比べると、守備に配慮した結果ではないか。

要は、ローマのビルドアップの軸になる1ボランチのデロッシを抑えようという意図だ。バイエルンのフォーメーションは珍しく3－5－2の2トップだった。2トップはレバンドフスキとミュラーで、トップ下にゲッツェを起用している（図27）。ゲッツェのトップ下は、デロッシにマッチアップさせるためだ。

後半になると、バイエルンは3バックの左だったアラバが中盤に上がって2バックにシフトしている。まず、ローマのフォーメーションが4－4－2になった。トッティがトップ下の位置に引き気味になった。さらに両サイドが完全に押し込まれたローマは、1人をトップに残して9人が自陣深くへ引く形になってしまう。この時点でバイエルンはアラバを上げて2バックにしている。

3バックか4バックかと考えるよりも、3バックか2バックという選択で見たほうがわかりやすいだろう。バイエルンが立ち上がりに相手のFWの枚数と関係なく3バックを選択するのは、2バックと比べれば安全だからということもできる。中盤のプレスの掛け合いで負けないことと、ボールを得たときに確保するためだ。

選手層の厚いバイエルンは、試合の序盤、中盤、終盤と交代も含めてシフトチェンジをしている。試合状況と相手の出方に合わせて、フォーメーションを変えたり、選手を代え、より効果的なプレーをしようとする。そもそもグアルディオラがバイエルンというクラブを選択したのは、選手層の厚さとバリエーションにあったと思う。

その前に監督をしていたバルセロナは、ファーストチョイスの陣容は圧倒的だが、意外と控えの層は薄かった。カンテラからの引き上げが前提なので、プレースタイルにはよく合っているが小粒なのだ。あくまでレギュラー陣のバックアップであって、同等の実力者がずらりとベンチに控えているわけではなかった。終盤に負傷者が出るとパワーダウンするのは毎年のことで、それがリーグやCLのヤマ場の試合に当たってしまうと重要な一戦を落とす傾向があった。

一方、バイエルンはベンチに座るメンバーも豪華で先発と遜色なく、タイプもさまざまである。戦況に応じて打つ手を変えるのが得意なグアルディオラ監督にとっては、腕のふるいがいのあるチームといえる。

グアルディオラが提示したナナメ上の解法

以上、ローマ戦から5つの〝ペップ・コード〟について解読してみたが、もっとたくさんの試合を分析していけば、それだけ発見も増えていくに違いない。グアルディオラ監督のバイエルンは、「おお、そうなっているのか！」という驚きが常に含まれている。その点に関しては現在最も面白いチームだ。

図27 ローマvsバイエルン トップ下のゲッツェ

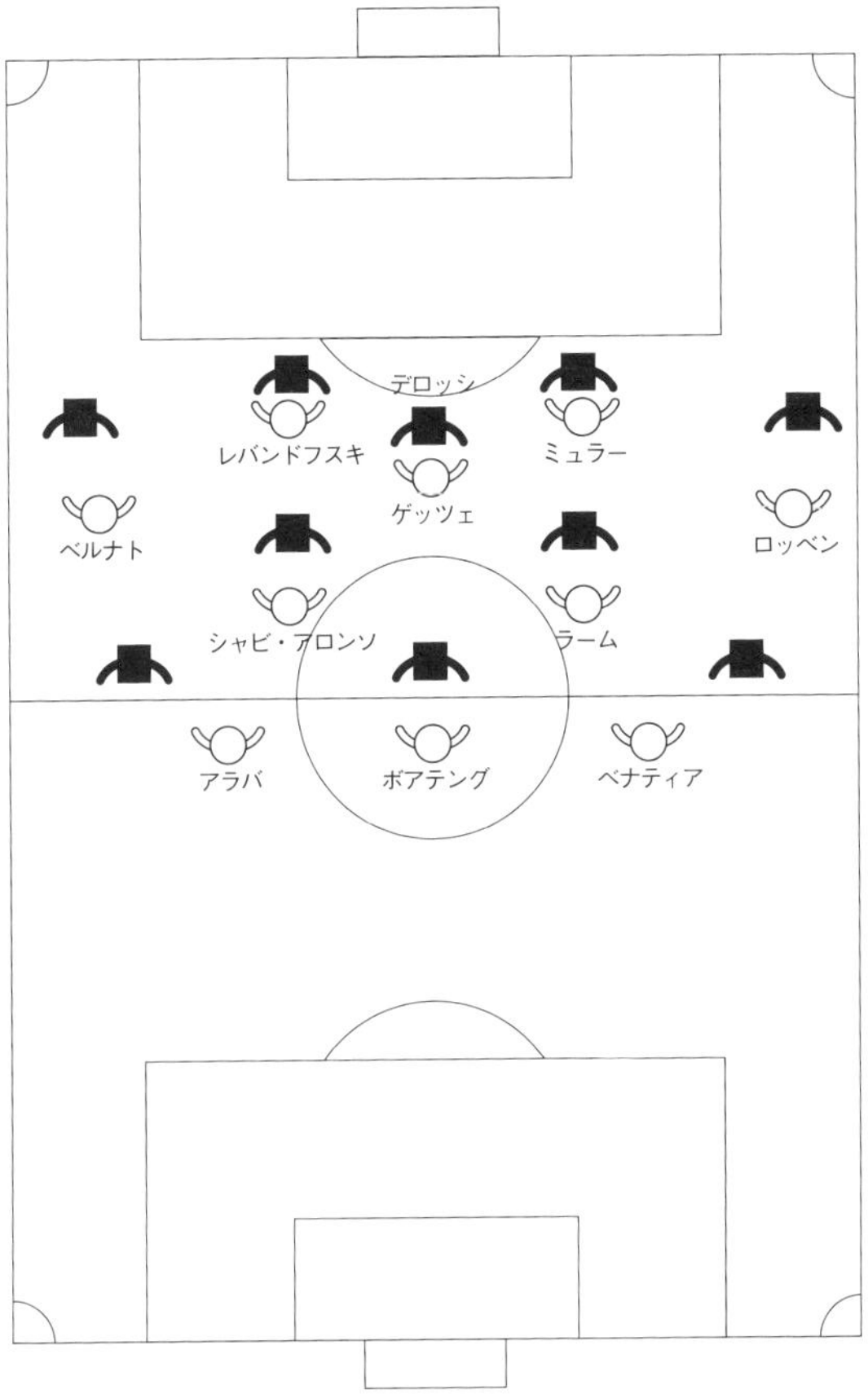

14-15CL 3節のフォーメーション。ゲッツェをローマのアンカーであるデロッシにマッチアップさせた3－5－2を採用していた

ただ、面白いからといって一番強いとはかぎらない。バイエルンが強いのは間違いないけれども、レアル・マドリーより強いかといえば微妙なところだろう。

昨季のCL準決勝で、バイエルンはレアル・マドリーの高速カウンターの前に沈んだ。アリアンツ・アレーナでの0－4は、バイエルンとグアルディオラに大きなショックを与えたに違いない。ただ、最初の2点はセットプレーからのセルヒオ・ラモスのゴールだった。レアルがセットプレーという武器を持っていたのが明暗を分けている。試合の流れがレアルに来たことが4点もの差がついた原因だ。

ただ、バイエルンのサッカーが万能でないことも明らかになった一戦だった。

60パーセントを軽く超えるポゼッションと高率のパス成功率、相手を包囲して一方的に攻め続けることで失点も少ない。このスタイルが与える印象は強烈だった。しかし、スペースを持たせれば超人的なロナウド、ベンゼマ、ベイルらを擁するレアル・マドリーはまた別のスタイルを持つ強力なチームであり、バイエルン0－4レアルは、その後に行われたブラジルW杯でのオランダ5－1スペインを予告するような試合だった。

セットプレー対策を除くと、バイエルンの問題点は大きく2つある。1つは、圧倒的にボールを支配しながら得点がなかったこと。もう1つは、レアルのカウンターアタックを防げなかったことである。

14－15シーズン、グアルディオラ監督は3バックの構築から手をつけはじめた。ベルナトの獲得はその布石といっていいだろう。

ベルナトは左利きの俊敏なサイドプレーヤーで、左タッチライン際の上下動を繰り返すタイプである。昨季の左サイドバックだったアラバとは明らかに違う。アラバはオーストリア代表では攻撃的MFであり、バイエルンでは左サイドバックの位置から中盤のインサイドへ上がっていく特殊なプレースタイルを確立していた。つまり、グアルディオラがベルナトにアラバと同じ役割を期待しているとは考えにくい。昨季とは違う左サイドバックを必要としていたことになる。

その答えは、すでに記したようにサイドのトライアングルの変更だったり、アラバを使って2バックと3バックを選手交代なしで行うためなのだが、そのためにベルナトを獲得したのか、ベルナトありきで新しいやり方に決めたのかは定かではない。ただ、CLでのレアル・マドリーに対する敗戦が何らかの影響を与えているのは確かだろう。

最初は3バックで高速カウンターに対抗したいのだろうと思っていた。しかし、考えてみたら昨季も攻め込んでいるときは3バックになっていた。ボアテング、ダンテの2バックに、ビルドアップの段階で引いてくるラーム、この3人（プラス、クロース）が後方にいたはずなのだ。まあ、2バック＋アンカーではなく、3バック＋アンカーのほうが人数は増えているので、確かにカウンター対策という意図はあるのかもしれない。しかしそれよりも、プレッシングの強化という効果を狙っているようだ。

開始直後からの猛烈なプレスと、奪ったボールの確保についてはすでに記したとおりで、レアルのカウンターがカウンターになる前に芽を摘み取ってしまうつもりなのだ。攻撃も、高い位置に送り出すサイドバックを起点にして、ニアゾーンを空けておいて侵入を狙う新手を出してきた。結果的に、高い位置でのボール奪取からの手数をかけない攻め込みが増え、ポゼッションが落ちるという現象が表れている。

グアルディオラの出した答えは予想のナナメ上という感じなのだが、もともと目指しているサッカーから少しもブレていない。この信念の固さ、頑固さは、ビエルサとも相通ずるものがある。

イノベーションとは、つまるところ直面する現実に対するソリューションから生まれる。最初から斬新なことをしようというより、やはり「必要は発明の母」なのだ。その点で、グアルディオラのバイエルンにレアル・マドリーという壁が立ち塞がってくれたのは、世界のサッカーにとって幸運だった。

ミュンヘンからの帰路、電車で空港に向かうと、なぜか空港の2つ3つ手前で止まってしまった。次の電車はいつ来るのだろうと表示を探していたら、スーツケースを手にしている空港に用事があるとおぼしき人々は皆ホームから外へ出てしまった。どうも、空港行きの電車はもう来ないらしい。

駅の前でスーツケースの一団が固まっていた。聞けば、バスが来るという。

「バスはいつ来るのですか？」

「5分…という話でしたけど」

電車が止まる前に、車内アナウンスがあったようだ。ドイツ語がわからないので理解していなかった。しかし、5分待っても10分待ってもバスは来ない。そのうちタクシーが1台やって来て、少し離れた場所に停まった。1組の男女が荷物を積み込みはじめる。

「乗るかい？」

男のほうが振り返って声をかけてきた。僕はタクシーに近づいて男に聞く。

「空港へ行くのですか？」

「そうです。バスは来ませんよ」

「え、来ないの？」

「さっき路線バスの運転手に聞いたら、2時間は来ないと言っていたのでタクシーを呼んだんだ」

「あらま、じゃあ乗せてもらっていいですか」

僕と、もう1人別の女性が便乗することに。後部座席にタクシーを呼んだ男女と僕の3人が座った。男は30~40歳ぐらいで、女性はもう少し年上にみえる。毛皮のコートを着て、手にスターバックスのコーヒーを持ったまま僕の左に座っていた。

「いくら払えばいいでしょうか」

出発してから男に尋ねた。もう帰国するだけだったので、手持ちの現金があまりなかったのだ。足りなかったら空港のATMで下ろせばいいのだが、金額的にはぎりぎりな感じだった。

「たぶん5、6ユーロで大丈夫じゃないかな」

うーん、本当にぎりぎりだな。

「ところで、あなたがたはどちらまで？」

「アムステルダムですよ」

アムステルダム…テレビのニュースではストライキ中だったような。

「ひょっとしたら、電車動いてないかもしれませんよ」

「え、まじ」

「まあ、今日は事情が変わっているかもしれませんし、わかりませんけど」

すると、僕と男の間に座っていたマダムが独り言のように言った。

「そうね、誰にも何もわかりはしないわ」

タクシーは15分ほどで空港に着いた。僕が最初に下り、次に下りるマダムの右手はコーヒー、左手はハンドバッグで塞がっていたので、右手のコーヒーのほうを預かることにした。

「あら、ありがとう」

くしゃっとした笑顔は、なぜか少し寂しげにみえた。

タクシー代を人数割すると1人7ユーロ、ぎりぎり持っていた。最後の最後にちょっとしたアクシデントがあったわけだが、2時間バスを待つことなく、お金もちょうど足りた。捨てる神あれば拾う神ありだ。アムステルダムへ向かう2人にも、良い解決策が見つかるといいけれども。

Chapter 3
ワールドカップの3バック

ティキ・タカ時代の終焉

2014年6月13日、サルヴァドールのアレーナ・フォンチ・ノヴァで行われた一戦は、1つの時代の終焉を象徴しているように思えた。

スペインとオランダの対戦は、南アフリカW杯決勝の再現である。4年前は延長の末にスペインが1－0で勝利した。ブラジルW杯でも下馬評はスペイン有利だったが、結果は5－1でオランダの圧勝。オランダが勝つとしても、これほどの大差がつくとは誰も予想しなかったに違いない。

サッカーで4点差という試合は少ない。とくに実力が接近したチーム同士では、あまりない点差である。ただ、それが起こった場合は非常に印象的な試合になり、実際に歴史的な意味を持つ一戦として語り継がれるようなゲームには、意外と4点差以上というケースがある。

88－89シーズンのチャンピオンズカップ（現在のCL）決勝、ACミランとステアウア・ブカレストが4－0だった。ミランの猛烈なプレッシングを前に、ルーマニアの雄が何もできないまま粉砕されたゲームだ。ゾーンディフェンスとプレッシングを組み合わせた新しい戦術が脚光を浴び、その後の世界の流れを決めた。

ミランは93－94シーズンのファイナルでも４－０で勝利している。このときの相手はバルセロナ。ロマーリオやフリスト・ストイチコフのいたドリームチームの全盛期だ。クライフ監督は「攻撃か守備か、サッカーの未来を決める試合」と、戦前に話していた。確かに戦術の方向性を決めたゲームになった。もちろんクライフの意図とは反対だが。

リーガ・エスパニョーラ10－11シーズンのバルセロナ５－０レアル・マドリーも強烈な印象を残している。〝バルサ・キラー〟として期待されたジョゼ・モウリーニョ監督がカンプ・ノウに乗り込んでの試合だったが、バルセロナの圧倒的な攻撃力を前にレアルが大敗を喫している。これ以降、レアル・マドリーはしばらくバルサ・コンプレックスから抜け出せなくなったトラウマ的なゲームであり、バルセロナの強さに世界中が驚嘆した。

記憶に新しいところでは、13－14シーズンのCL準決勝第２レグ、レアル・マドリー４－０バイエルン・ミュンヘンがある。

グアルディオラ新監督の下、バルセロナ型のチームに変貌していたバイエルンは早々にブンデスリーガ優勝を決め、CL連覇への視界も良好にみえた。しかし、サンチャゴ・ベルナベウでの第１レグを０－１で落とし、ホームでは０－４と一方的なスコアで敗れ去った。〝ティキ・タカ〟全盛時代の終焉を感じさせる一連の試合の１つである。前シーズンの準決勝、ペップが就任する前のバイエルンは２試合合計７－０でバルセロナを大破していた。このときすでにバルセロナの時代は終わったともいわれたが、次の年にはバルセロナ化したバイエルンまでもが大敗したわけだ。

ブラジルW杯でのオランダ5－1スペインは、クラブと代表の違いはあるとはいえ、やはりバルセロナとスペインの時代に終止符を打った象徴的な試合といえるだろう。

この試合でのオランダは3バックだった。3というより5バックに近いのだが、非常に効果的な守備でスペインの攻撃を封じた。監督のルイス・ファンハールはアヤックスで黄金時代を築いて名をあげた人物だ。しかし、アヤックスでの3バックとブラジルW杯の3バックは戦術的にはかなり違っている。アヤックスのときの3－4－3は、グアルディオラ監督が率いるバイエルンやビエルサ監督のマルセイユ、そしてバルセロナと同じ種類のスタイルだった。しかし、スペインに大勝した3バックは狙いも機能性も違っていて、まったくの別物と考えたほうがいい。

何がどう違っているかは少し後回しにして、まずはオランダ5－1スペインの歴史的な意味について考えてみたい。

2008年、グアルディオラがバルセロナの監督に就任、最初のシーズンで国内リーグ、カップ、CLの三冠を達成する。それに先立つ同年6月にスペイン代表はユーロで優勝、このシーズンからバルセロナ・スペイン時代が始まっている。

スペインは2010年W杯で初優勝、2年後のユーロも連覇を達成。バルセロナも10－11シーズンに再びCLを制し、国内リーグも3連覇を成し遂げる。中心選手も共通する両者の戦術はリオネル・メッシがいるかどうかの違いぐらいで、テンポの早いショートパスの連続から〝ティキ・タカ〟と呼ばれた。

ティキ・タカ時代は5年ほど続いたわけだが、その間に対策も進み12－13シーズンにはバルセロナがバイエルンに大敗、13年のコンフェデレーションズカップではスペインがブラジルに0－3とこちらも完敗だった。

13－14シーズン、バルセロナはグアルディオラが監督に就任して以降の6シーズンではじめて主要タイトルなしの無冠に終わる。リーガを制したのはアトレティコ・マドリーだった。CLはそのアトレティコを下したレアル・マドリーがチャンピオンに。コパデルレイもレアルが優勝している。レアルとアトレティコの戦術は基本的に同じで、固い守備からの高速カウンターだった。レアルに関しては、アトレティコの戦法をシーズン終盤にコピーしたといっていいだろう。

どちらもフォーメーションは4－4－2。深く引いてスペースを消して守り、俊足のFWによるカウンターアタックと高さを生かしたセットプレーでバルセロナを打ち破っている。傾向としては前シーズンにバルセロナを3－0、4－0で破ったバイエルン・ミュンヘンの勝ち方にも似ていた。09－10シーズンのCL準決勝でバルセロナを破って優勝したインテル、10－11シーズンのやはり準決勝でバルセロナを下して優勝したチェルシーとも大きく括れば同種の戦法である。

どんなチームも永遠に無敵ではない。サッカー史上でも最強クラスだったバルセロナも例外ではなく、ピークに達すればいずれは衰退期を迎える。ティキ・タカの中心であるチャビ、イニエスタが年齢的に最盛期を過ぎれば、バルセロナもスペインも次第に勢いはなくなっていくのが道理だ。また、対戦相手のティキ・タカへの対策も進んでいた。

バルセロナ対策は、同時にメッシ対策でもある。メッシがプレーするスペースを極力狭くすること、とくに中央を固める。これはスペインに対しても同じで、中央に高さがないためにサイドからのハイクロスはそれほど脅威ではなく、まずは中央を固めてパスワークやドリブルによる突破を防ぐことがポイントになる。ただ、巧みなパスワークで揺さぶってくるので、〝ボランチ脇〟のメッシへのパスを遮断するのは簡単ではない。メッシを徹底的にマンマークしたり、5バックや6バックの人海戦術を採るなど、さまざまな対策が練られたが、最終的に落ち着いたのはセンターバックが前に出てメッシのプレーを制限するやり方だった。

メッシがパスを受けたい場所は主に中央の右寄り、センターバックとボランチの間のスペースである。そこで前を向かれてしまったら、止めるのは非常に難しくなってしまう。左へ斜行するドリブルを止めるのはほぼ不可能で、シュートを打たれるかラストパスを通されるかという状況に陥る。だから、そこへつながれそうになったらセンターバックが前に出て、メッシに前を向かせないか少なくとも進路を塞ぎ、その間に2、3人で囲んでしまうのが上策という結論になっていった。

それでも突破されることもあるし、センターバックが前に出てしまっているために、そのスペースをつかれて失点することもあった。しかし、それでもこの方法が最も被害が少ないということがだんだんわかってきたのだ。

メッシ対策は、メッシのいないスペイン代表にも効果的だった。バルセロナ・スペイン型の攻撃のポイントはバイタルエリアへの侵入だからだ。MFとDFの間のスペースへ入り込み、そこへパスをつなぐことで相手の守備バランスを崩して裏をつく。それは現代のほとんどのチームが採用しているゾーンディフェンスによるブロック守備の弱点であり、その弱点をつくことができたからバルセロナとスペインは脅威だった。逆にいえば、いかにバイタルエリアを使わせないかが守備側の最重要課題だったわけだ。

攻撃面での対策は、いかにバルセロナ・スペインのプレッシングを外すか。上手くバイタルエリアを消して守れたとしても、素早いプレッシングにあって反撃を阻止されてしまえば自陣で防戦一方になってしまう。ボールポゼッションで上回るのは無理としても、何回かはプレッシングをかわして攻撃につなげなければ得点できない。

ただ、いったんプレッシングをかわしてバルセロナ（スペイン）の守備のベクトルを自陣ゴール方向へ変えてしまえば、チャンスは一気に広がる。カウンターへの守備対応もあるとはいえ、それに関しては図抜けて優れているわけではないからだ。バルセロナならハビエル・マスチェラーノ、スペイン代表ならセルヒオ・ラモスのような俊足のDFを用意しているとはいえ、それを上回るアタッカーのいるチームならばカウンターは有効だった。レアル・マドリー、バイエルン・ミュンヘン、パリ・サンジェルマンといった、バルセロナのプレッシングを外せるパスワークを身につけたチームは、カウンターアタックでバルセロナに脅威を与えられる存在になっていった。バイタルエリアを消して守り、プレッシングをかわせる技術とカウンターで脅威を与えられるアタッカーがいるチームの出現によって、バルセロナ（スペイン）の優位性は小さくなっていった。

フォーメーションという視点では、アトレティコが2トップを復活させたことが大きい。

4－4－2は80年代末にミランがプレッシングを完成させたときの基本フォーメーションだ。それ以降、ゾーンディフェンスによる8人の守備ブロックという形が定着していたのだが、やがて4－2－3－1のほうが主流になっていく。4－4－2と4－2－3－1は同じ系統のフォーメーションで、2トップが横並びなのか縦なのかという違いなのだが、トップ下にストライカーよりもMFタイプを起用することもあり、その場合は守備のときに8人と連係できる位置まで引く。つまり、守備ブロックは8人から9人になった。それで守備は強化された半面、純粋なストライカーは1人になってしまった。

アトレティコの2トップは、そのジレンマを解決して2トップを復活させている。2トップも守備ブロックに組み込み、守備に参加する人数を9人から10人に増員した。守備はより強化され、しかもストライカーを2人使えるようにしたわけだ。といっても2トップを自陣深くまで戻らせるのではゼロトップになってしまう。2トップをカウンターのために前線に残したいので、下がるといっても相手のボランチの近くまで下げただけだ。相手のボランチとセンターバックの間という守備時のポジショニングは従来の2トップと同じなのだが、ずっと相手ボランチに近い位置どりにしたのだ（図28）。

ボランチより自陣側に戻ってマークするわけではないが、すぐ近くまで下がることでボランチへのパスを制限した。例えば、相手のサイドバックがボールを持っているとき、通常はボランチへのパスは比較的安全なコースである。ところが、アトレティコのFWがボランチのすぐ近くにいるので、そこへパスを出しにくくなった。ボランチが前へ動けばアトレティコのFWから距離をとることができるけれども、それではアトレティコのボランチの守備範囲に入ってしまう。

アトレティコのＦＷは味方の守備ブロックに近づいているぶん、相手のセンターバックはフリーになってしまうが、もしセンターバックへボールを下げた場合は、ＦＷがそこへプレスをかけて後方の守備ブロックも一気に押し上げる。

従来の2トップは、相手のセンターバックの進路をさえぎるのと、ボランチへのパスコースを遮断するぐらいで守備の任務は終わりだった。アトレティコの場合は、その後も味方の守備ブロックの近くまで戻って相手のボランチへパスが入りにくいようなポジションをとることで、より強固なブロックを作り上げた。

守備から攻撃に切り替わったときには、相手のボランチとセンターバックの間に自然に入れる。センターバックが前に出てマークしてきたときには、出てきたセンターバックの背後のスペースが大きくなるので、そこへ走り込んでパスを受けられる。2トップの運動量は従来よりも多くなるが、守備の強度を下げないで（むしろ上げて）2人のストライカーを起用できるメリットがある。

アトレティコは、バルセロナとの対戦ではさらに守備に力を入れた。バルセロナのセンターバック2人とアンカーのセルヒオ・ブスケツは放置して、2トップがインサイドハーフに対しての守備をしている。マンツーマンでついていたわけではないが、例えばチャビがよくやるようなブスケツの近くへ引いてパスを受けるプレーを制限した。ここまで周到に固められると、

図28 ボランチ近くに引くアトレティコのFW

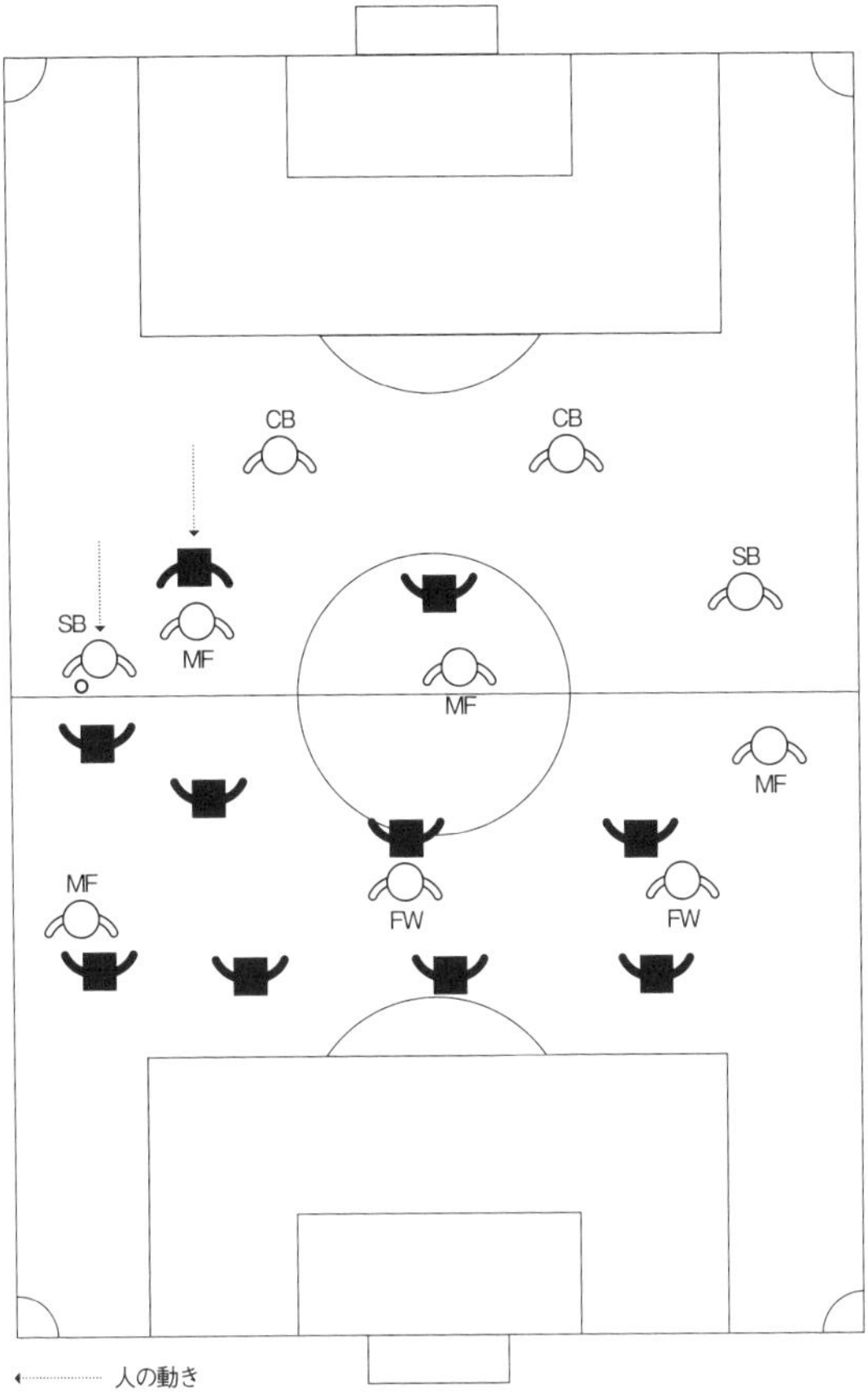

FW が相手 MF（ボランチ）に近い位置まで下がり、相手ボランチへのパスを制限する

バルセロナもそれを引きはがしてブロックの中へ入っていくのは難しく、アトレティコ相手にはほとんど点がとれなかった（図29）。

対バルセロナ戦でのアトレティコの成功をみて、レアル・マドリーは同じ戦術でコパデルレイの決勝に臨み、バルセロナに勝って優勝。さらにCL準決勝でバルサ型のバイエルンを粉砕して決勝に進んだ。

レアルはさらにもう1つ変化をつけ、4－4－2と4－3－3を使い分けている。

カルロ・アンチェロッティ監督は前シーズンまで使っていた4－2－3－1でシーズンをスタートしたが、ガレス・ベイルの加入とともに4－3－3へ変化した。その後はバルセロナ型の4－3－3のままだったが、アトレティコの4－4－2を採り入れたので、2つのフォーメーションを自在に使えるようになっている。

アトレティコの戦法は守備とカウンターには向いているが、自分たちが点をとらなければいけない状況になったときの手がない。一方、レアルはカウンター型の4－4－2とポゼッション型の4－3－3の両方があるので、リードしてもリードされても自分たちのリズムでプレーができる。守っても攻めても強い、全方位型のチームに進化したわけだ。

4－4－2の場合はロナウドとベンゼマの2トップである。広いスペースがあるときの突破力では世界屈指の2人が並ぶカウンターは破壊力抜群だった。4－3－3に変化する際には、

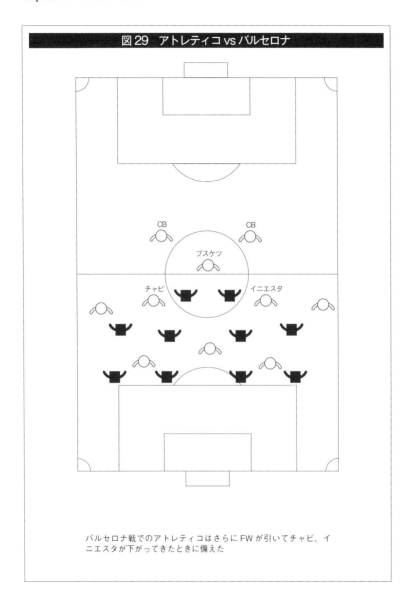

図29 アトレティコ vs バルセロナ

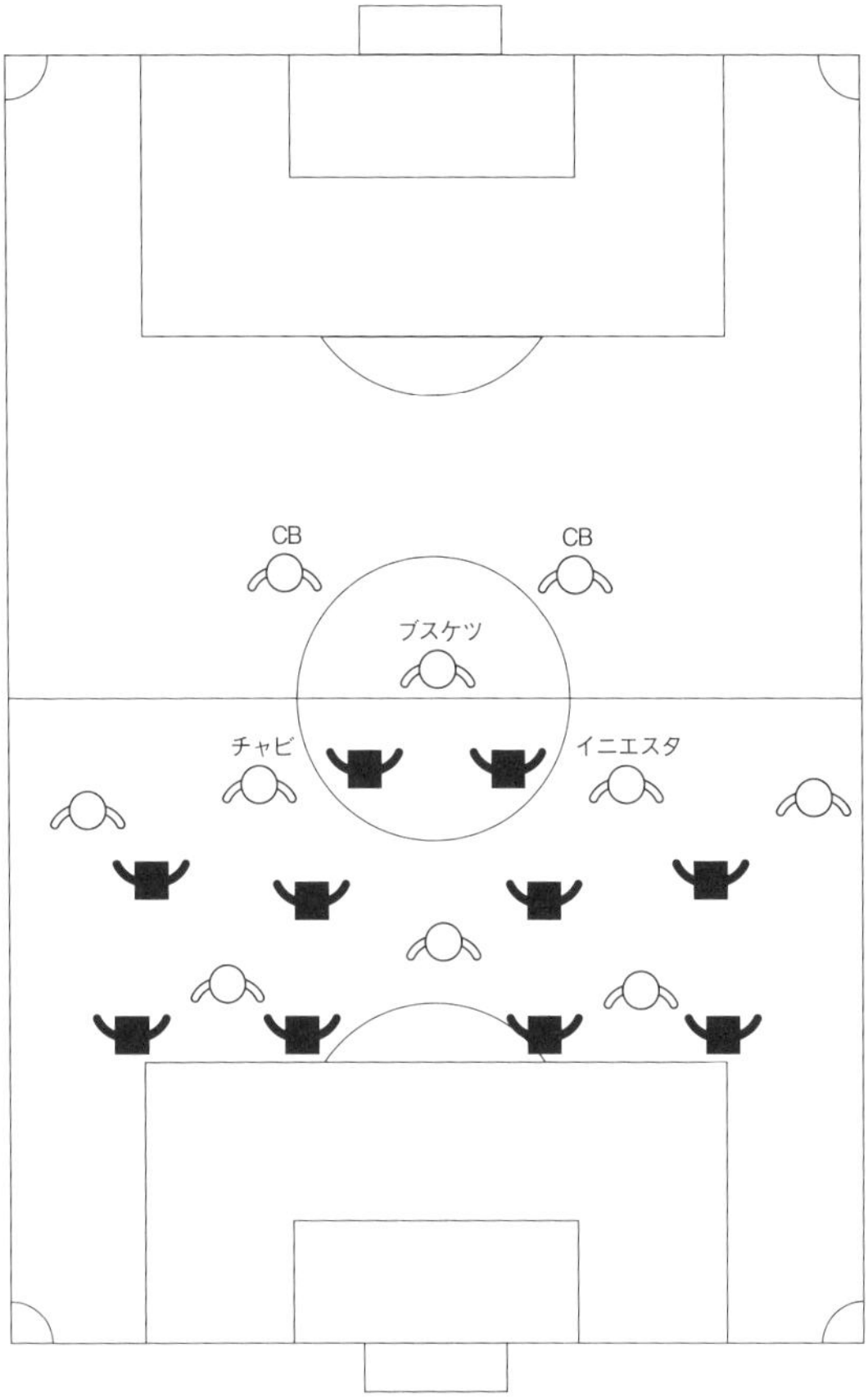

バルセロナ戦でのアトレティコはさらにFWが引いてチャビ、イニエスタが下がってきたときに備えた

ＭＦの右サイドを務めるベイルがポジションを上げる。ベイルの右サイドを機能させたのがキーポイントだ（図30）。

ガレス・ベイルは本来、左サイドのアタッカーである。縦に突っ走るときのスピードは驚異的で、さらにそのトップスピードのままパワフルな左足のシュートやクロスボールを蹴ることができる。これがベイルの、他の選手には真似のできない特徴だ。しかし、レアルの左サイドにはロナウドがいた。ロナウドは右利きで右サイドもやれるのだが、左サイドを好む。カットインしての右足シュートが得意だからだ。

だが、８６００万ポンドといわれる途方もない違約金を払ってトッテナムから獲得したシーズンの目玉選手をベンチに座らせるわけにはいかない。アンチェロッティ監督は、どう説得したか知らないがベイルを右サイドに起用した。センターフォワードやトップ下にも使ってみたが、最終的には右サイドが適任と判断したようだ。確かにベイルは右サイドもこなせる。ただ、右のベイルは１００パーセントとはいえないだろう。驚異的な縦への突破力については右も左も変わりないが、右サイドではスピードに乗ったまま左足で蹴ることはできない。大砲級の左足に比べれば機関銃程度の右足でクロスを送るか、ブレーキをかけて左足に持ちかえるしかない。

ただ、レアルでプレーしたければ受け入れるほかないのだ。11人の個性が最大限発揮される

図30 レアル・マドリー 4-4-2→4-3-3

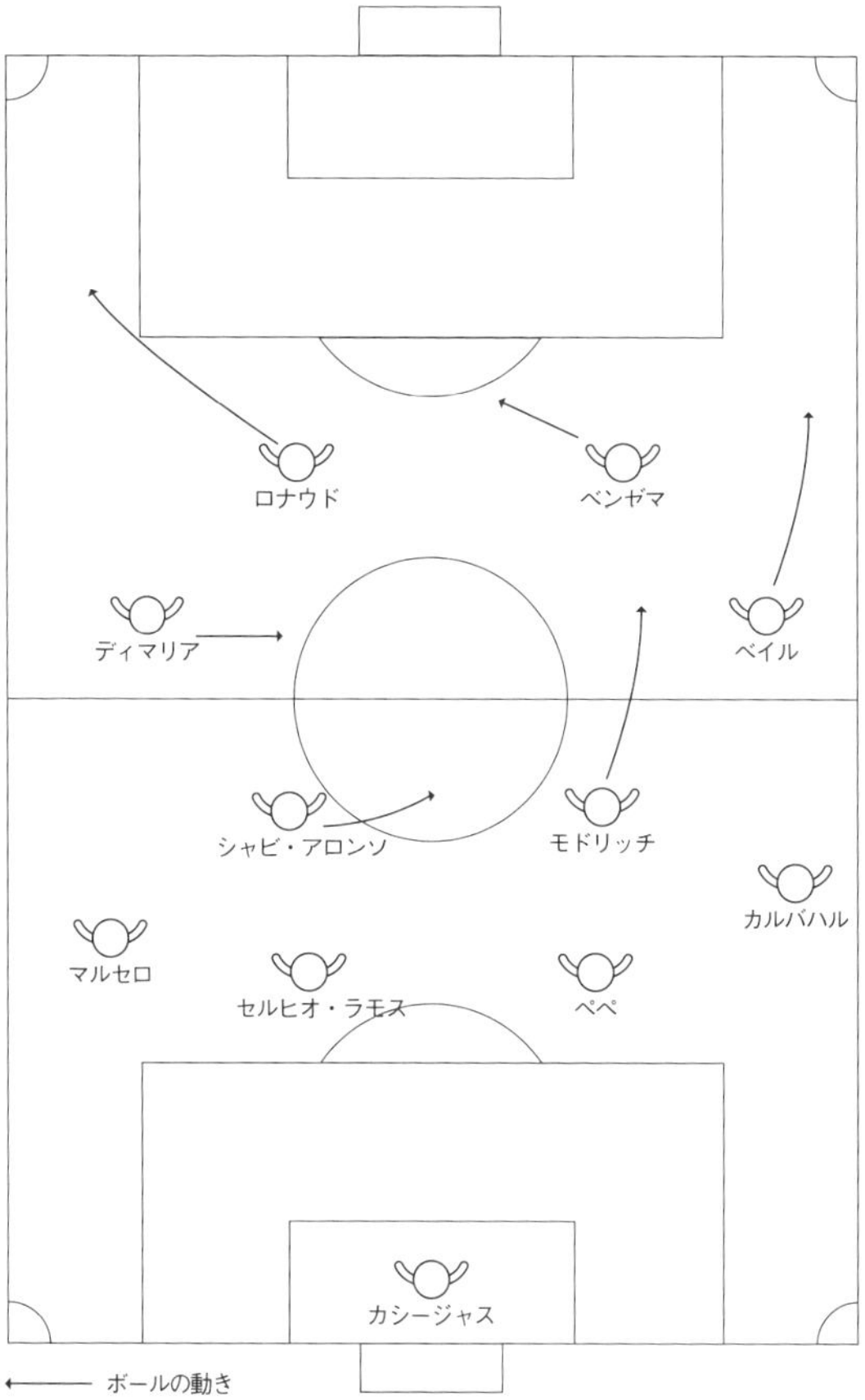

2トップの1人、ロナウドは左ウイングへ移動。右サイドにベイルがポジションを上げて3トップに。ディマリア、シャビ・アロンソ、モドリッチの3人で中盤を構成する

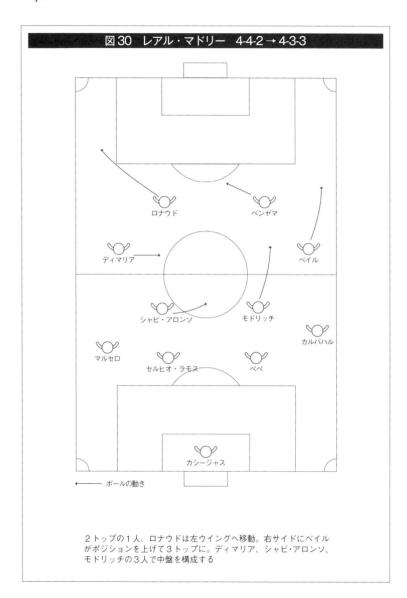

ポジションに配置できれば理想的だが、現実にはなかなかそうはいかない。誰かを優先すれば誰かが割を食う。とくにレアル・マドリーは現場の要望とは無関係に補強を行うクラブとして有名だ。そのときの旬のスタープレーヤーを補強してくるので、ユニフォームは飛ぶように売れるしメディアの話題もさらう。ビジネスとしては大きな成功を収めるのだが、ポジションが重なるぐらいはお構いなしなのだ。

古くは1950年代、レアル黄金時代の幕を開けたディステファノを獲得した後、役割がかぶるレイモン・コパをフランスのランスから引き抜いた。2人のバロンドーラーの競演なのだが、コパは右ウイングへ〝左遷〟されている。ディステファノのポジションはセンターフォワードだったが、今日のメッシ型でプレーメーカーとゴールゲッターを兼ねていた。コパの後もブラジルのプレーメーカー、ジジを補強。さらに〝マジック・マジャール〟のエースだったフェレンツ・プスカシュを加入させている。この2人もディステファノと思い切り重なっていて、ジジはチームに馴染めないまま退団した。プスカシュのほうはゴールゲッター兼プレーメーカーと、ディステファノとまるかぶりのプレースタイルだったが、プレーの比重をストライカー寄りに移してバランスをとった。ディステファノとプスカシュの名コンビは、結果的にチャンピオンズカップ5連覇をもたらすのだが、プスカシュが上手くアジャストしなければどうなっていたかわからない。

〝銀河系〟と呼ばれた時代も同じだ。ルイス・フィーゴが仕切っているチームにジネディーヌ・ジダンを加え、さらにロナウドも追加した。フィーゴとジダンだけでも攻撃に傾きすぎているといわれていたものだ。次の補強ターゲットは手薄な守備を支えられる世界最高クラスのセンターバックになるはずだった。ところが、当時のスポーツディレクターだったホルヘ・バルダーノは、

「世界最高のストライカーと契約できるチャンスを逃すことはできない」

というわけで、ＤＦのかわりにロナウドが来る。フロレンティーノ・ペレス会長の第一次政権の方針は〝ジダネス・イ・パボネス〟、つまりジダンのようなビッグスターを攻撃陣に並べ、ユース出身で無名のパボンのような選手が守備を支えるというものだった。同じチーム内に超リッチなスターとお手頃な生え抜き選手が同居するというものだが、これはおよそ強化方針とはいえない。バランスをとっているつもりかもしれないが、それは金銭面だけだ。経営方針であって強化方針ではない。

さらに、デイビッド・ベッカムを獲得するに至ってレアル・マドリーの人気は沸騰するわけだが、ベッカムと入れ替わりにクロード・マケレレが退団したことで辛うじて保っていた攻守のバランスが崩壊、銀河系軍団は衰退へ向かう。しかし、その後もお構いなしにバロンドール受賞のＦＷマイケル・オーウェンを懲りずに獲得している。

ここまでくるといっそ清々しい。レアルの補強は、補強というよりコレクションなのだ。そのときに最も輝いている才能を世界中からかき集める。ポジションが重なろうが、チームバランスをぶち壊そうが、そんなことは現場で何とかしろとでもいうように。実際、それで数々のタイトルを手中に収めて〝20世紀最高のクラブ〟という称号をＦＩＦＡから与えられているのだからトータルでは大成功なのだ。

14－15シーズンは、ブラジルW杯で活躍したコロンビア代表のハメス・ロドリゲスを獲得した。左利きの攻撃的ＭＦは、ＣＬ優勝の陰の立役者だったアンヘル・ディマリアと重なっている。優勝したドイツ代表のトニー・クロースもシャビ・アロンソやルカ・モドリッチとかぶっていた。

結局、ディマリアはマンチェスター・ユナイテッドへ放出してしまった。オフに入る前、監督が「ディマリアだけは放出するな」と言い残したにもかかわらず。シャビ・アロンソもバイエルンへ去った。

アンチェロッティがディマリアを「出すな」と言った理由はよくわかる。コレクションされた高価な選手たちを全員使ってチームを機能させるには、ディマリアのような選手が決め手になるからだ。ロナウドとポジションの重なるベイルが右サイドへ移動したとき、玉突き的に移動を余儀なくされたのがディマリアだった。もともとは左利きで左サイドを得意とする選手だが、ロナウドがいてベイルも来たので2段階の移動になってしまった。しかし、ディマリアは持ち前の運動量とテクニックを発揮してMFとしてチームを支えた。彼とベイルが移動先で機能しなければ、4－4－2と4－3－3の併用という戦術上最大のメリットは手に入れられなかっただろう。

結果的にディマリアと入れ替わったハメス・ロドリゲスは、やはりディマリア的な役回りになりそうだ。コロンビア代表のようなトップ下のポジションはレアルにはない。左サイドもできるが、そこにはロナウドがいる。守備負担増を受け入れて左のインサイドハーフでプレーしていたが、ベイルの負傷欠場とともに右へスイッチした。ハメスが4－4－2の右サイドでハマれば、今度はベイルを4－4－2のMF左サイドで使うことも可能になるわけだ。

こういうやり繰りをして、最後に帳尻を合わせることにかけてはアンチェロッティ監督に並ぶ者はないだろう。ミランではシルビオ・ベルルスコーニ、チェルシーでロマン・アブラモビッチ、そしてレアルではペレス会長と、いつもオーナーに無理難題をふっかけられながらその都度結果を叩き出してきた職人である。

だいぶ横道にそれた。ブラジルW杯を前にした時点で、戦術の潮流はすでにバルセロナ・スペイン時代の終焉に差し掛かっていて、それにとってかわるのはポゼッションもカウンターもハイレベルで駆使できるレアル・マドリーのようなオールマイティ型のチームになることが予想される。そうした情勢でW杯が開幕し、グループBの緒戦（オランダ対スペイン）を迎えていた。

バイタルエリアを消せ

グループBはスペイン、オランダ、チリ、オーストラリア。このグループの本命は前回王者のスペイン、2番手が前回準優勝のオランダと目されていた。三番手は南米のチリ。前回大会でベスト16入りしたマルセロ・ビエルサのスタイルを継承、ホルヘ・サンパオリ監督の率いるチームは親善試合とはいえイングランドに2－0で完勝、スペインにも2－2、ドイツには0－1で敗れたが、ブラジルで王者になるチームを散々苦しめていた。

スペイン、オランダ、チリは、同じDNAを持っている。バルセロナ勢を中心にしたスペイン、トータルフットボール発祥の地であるオランダ、そしてビエルサが改革したチリ、このグループではオーストラリアだけが違うタイプだった。オーストラリアは四番手にはなるが強力なフィジカルと組織力で倒しにくいチームであり、グループBは〝死のグループ〟ではないにしても厳しい試合の連続が予想された。

オランダは緒戦でスペインと当たることが決まり、ファンハール監督はブラジルW杯へ向けて5月から新システムの３バックを用意している。

オランダの伝統は４－３－３だ。両サイドにウイングを置き、広くパスを回して攻め込むスタイルを継続してきた。３バックも彼らの手の内には入っているが、それは３－４－３の攻撃型システムだ。ファンハールがW杯用に用意した３バックは、それとは違っていた。３バックというより、むしろ守備を重視した5バックなのだ。

システム変更は緒戦のスペインを意識しての決断と思われる。スペインに対してボールポゼッションで上回るのはまず無理である。ボールを支配されるのがわかっている相手に対して、ボール支配を前提とした戦術では対抗できない。さらに、チリに対してもオランダが有利とはいいきれず、このグループを突破した後に想定される相手もブラジルかメキシコが有力だった。スペイン、チリ、そしてブラジルかメキシコという対戦相手を想定すると、守備を意識せざるをえない状況があったわけだ。

それでも、常に自分たちのスタイルを堅持してきたオランダの美学やファンハール監督の頑固さからすると、守備的な戦術は採らないのではないかとも思われていた。３バックの導入が決まった後も、メディアからは〝宗旨替え〟を懸念する声があった。準備段階ではありがちだが、親善試合では上手く機能していないこともあった。しかし、ファンハール監督は緒戦に準備した３バックで臨む。

スペイン戦のメンバーは次のとおり。フォーメーションは3－4－1－2だった（図31）。

GKシレッセン
DFデフライ、フラール、マルティンス・インディ
MFヤンマート、デグズマン、デヨンク、ブリント、スナイデル
FWファンペルシー、ロッベン

3バックの狙いは開始15秒で明確に表れている。FWジエゴ・コスタが少し引いて、ピケからの縦パスを受けたとき、オランダのセンターバックであるフラールがピッタリと背後からマークしてガツンと体を当てに行った。ファウルになったフラールの守備は、〝この場所では何もさせないぞ〟という意志がはっきりと出ていた（図32）。

オランダの守備の狙いは、徹底的にバイタルエリアを消すことだ。

その狙いを順番に整理してみよう。まず、守備は3ラインになっている。第一列がロッベン、スナイデル、ファンペルシーの3人。第二列がヤンマート、デグズマン、デヨンク、ブリント。ただし、両サイドのヤンマートとブリントは攻め込まれたときには第三列とほぼ同じ高さまで下がる。第三列が3バックのデフライ、フラール、マルティンス・インディだ。守備時のフォーメーションは3－4－3または5－2－3である。

この3ラインをコンパクトにまとめる。3バックはできるだけ高い位置にラインを設定し、

図31　スペイン戦　オランダのメンバー

ブラジルW杯スペイン戦のオランダの先発メンバー

3ラインの距離が空かないようにする。そして、最重要ポイントはラインの間に入った相手に対する守備だ。とくに第二列と第三列の間、いわゆるバイタルエリアと呼ばれる地域の守り方である。

このようなコンパクトな3ラインによるゾーンディフェンスは、ボールへのチャレンジとカバーリングを混乱なく行えるうえ、相手のスペースを限定できるメリットがある。4バックでも3バックでもそれは同じで、世界的に普及している守り方といっていい。ただし、ライン間にパスをつながれるとバランスが崩れやすい。バイタルエリアへパスをつながれると、DFが手前に引き出されて裏が空きやすくなる。その弱点をついたのがスペインでありバルセロナで、だからこそ世界に普及しきったブロック守備の〝天敵〟として長く頂点に君臨してきたわけだ。

すでに記したように、守備側はラインの間、とくにバイタルエリアをいかに守るかが対スペイン（バルセロナ）の焦点だ。試行錯誤の末、バイタルへのパスが予想できたら、センターバックが前に出て受けどころにプレッシャーをかける方法が、トータルでは最も効果があるとわかってきた。ただし、それにはリスクもある。

バルセロナが得意とし、スペイン代表でも用いられた「ファルソ・ヌエベ（偽の9番）」は、対戦相手に問題を投げかける作戦の1つだった。

例えば、メッシが9番（センターフォワード）のポジションからバイタルエリアへ引く。守

図32 15秒の守備

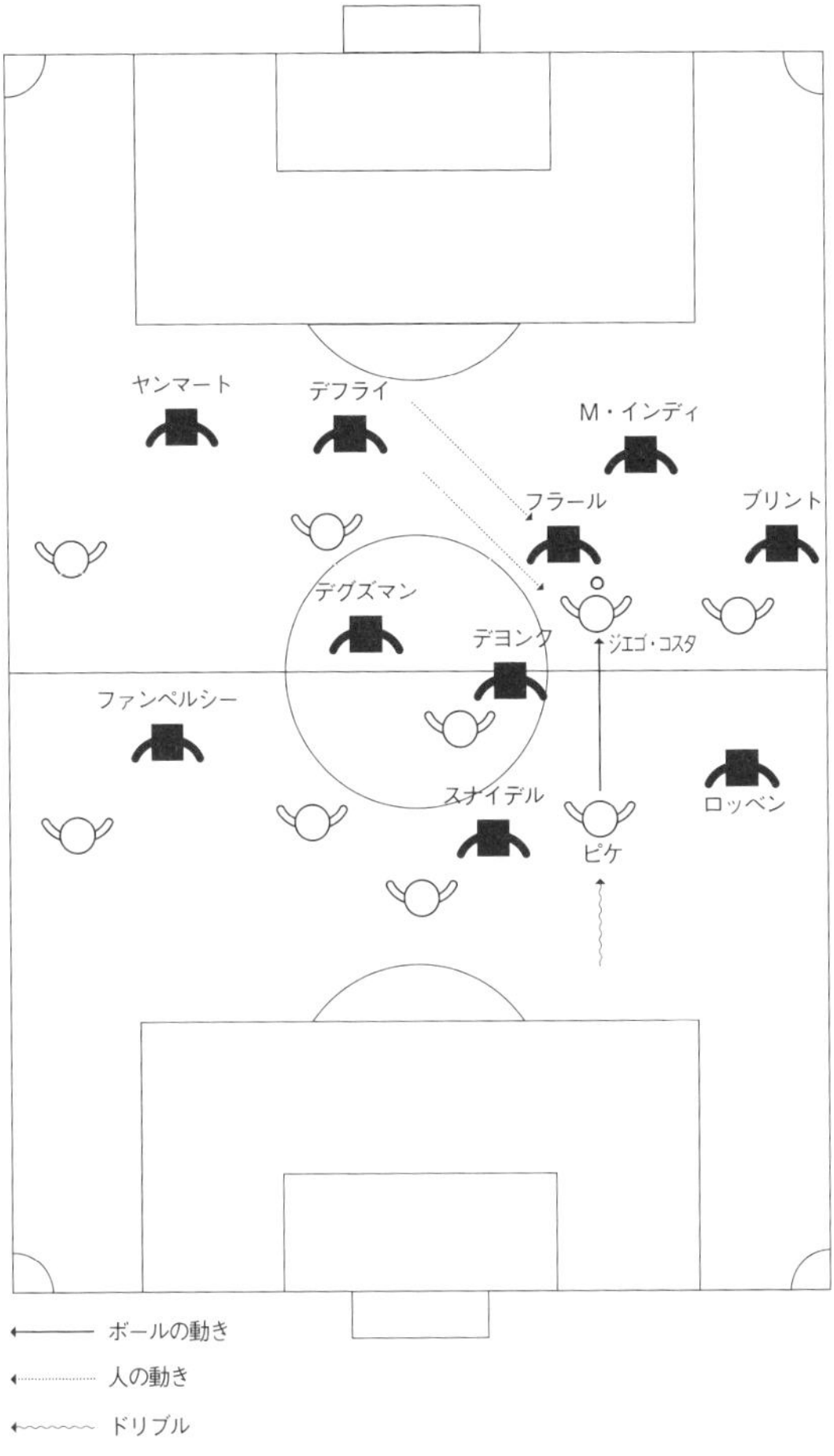

開始15、ピケからのパスを受けたジエゴ・コスタに対して、３バックの一角であるフラールが前に出てチャージ（ファウル）

備側のセンターバックには2つの選択肢がある。1つは、メッシにパスが渡らないように前に出てマークする。バイタルエリアを消すわけだが、そうすると4バックの場合、中央を守るDFが1人なってしまう。一時的に4バックが3バックになってDF間の距離が開き、攻撃側が利用できるスペースが大きくなってしまう。また、前に出たところをメッシに裏をつかれてしまうようなケースも実際にあった（図33）。

もう1つの対応は、引いた偽9番についていかずスペースを空けないやり方。しかし、これでは誰もいないスペースをセンターバック2人で守っていることになり、中盤で相手に数的優位を作られてしまう。また、偽9番がメッシの場合はバイタルで前を向かれてしまうとそこからドリブルで仕掛けられてしまう。1人では抜かれてしまうので2人以上で守ることになるのだが、そうなるとどのみちスペースは空いてしまう（図34）。

もちろん、ファルソ・ヌエベが守備側にとって大問題になるのはメッシ級の選手がいる場合だが、メッシほどでなくてもバイタルエリアで相手に自由を与えればラインディフェンスにとって極めて厄介な状況になることに変わりはない。

つまり、対策は1つしかない。バイタルエリアに入った相手へのパスがつながらないようにするか、つながっても前方へプレーする余地がないほど接近すること。しかし、それでは前記したようにDF間のスペースが大きくなってしまうので、そこでボールを奪わないかぎり次の

図33 ファルソ・ヌエベの攻撃（A）

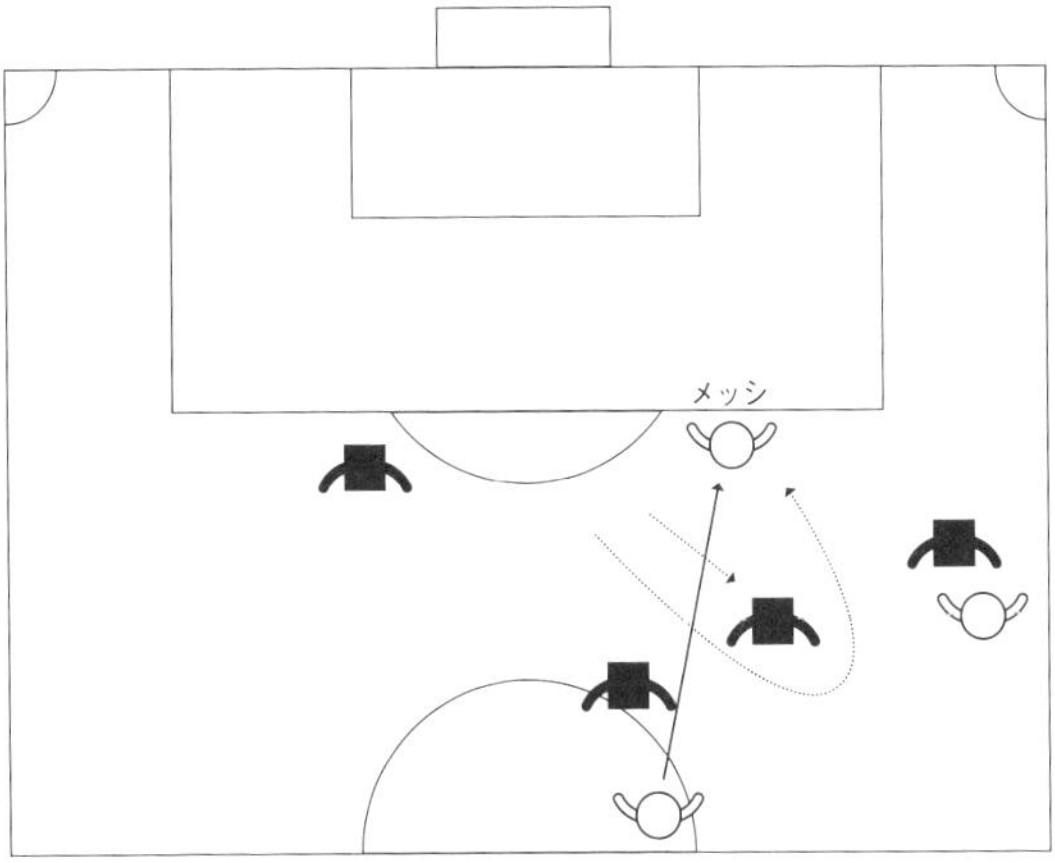

偽9番のメッシにセンターバックがついていくとディフェンスラインにスペースが空く。メッシ自身にそこをつかれるケースもあった

図34 ファルソ・ヌエベの攻撃（B）

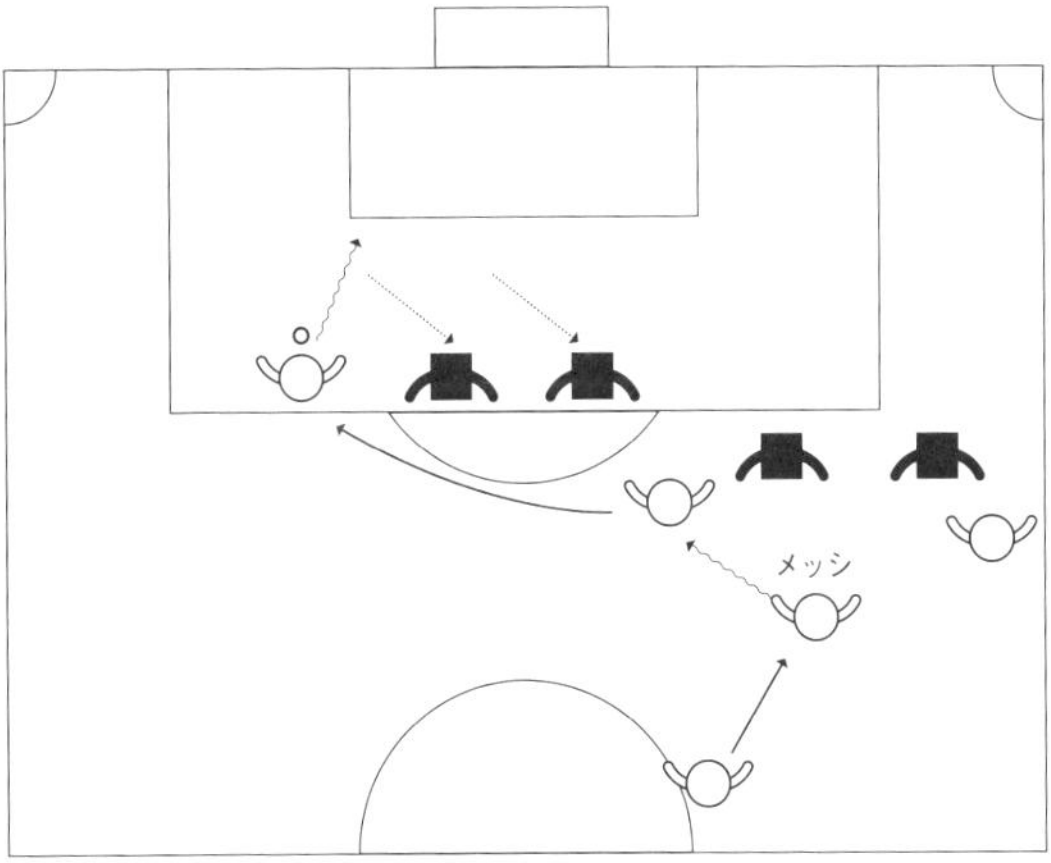

引いていくメッシをマークしないと、バイタルエリアで前を向かれ、そこからドリブルされるとDFが引きつけられて結局はスペースを空けてしまうことも

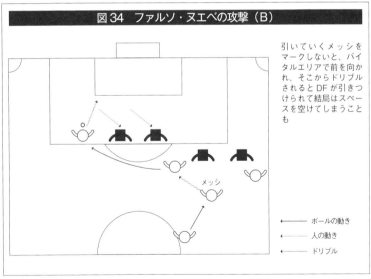

展開でスペースをつかれる危険は残る。オランダが3バックを採用したのは、バイタルエリアを徹底的に潰しながらも最終ラインのスペースを空けすぎないためである。

4バック（中央が2バック）のときと違って、中央に3人のDFがいれば、1人が前に出ても2人が最終ラインに残る。両サイドのMFが引いて絞り込めば4人が残る。これならば、すぐにスペースをつかれるリスクはかなり軽減できるわけだ。

オランダはバイタルエリアへのパスを徹底的に潰した。とくにイニエスタ、シルバがバイタルへ潜り込んだときは見逃さず、3バックの1人が前に出て至近距離でマークした。また、第一列と第二列の間にチャビがポジションをとったときなども、デヨンクやデグズマンがしっかりマークしている。3ラインのラインとラインの間へのつなぎを警戒し、そこで攻撃の起点を作らせていない。

ゾーンのブロック守備にとって、バイタルエリアへのつなぎが防ぎにくいのは、そこが死角になっているからだ。いわゆる〝ボランチ脇〟、ボランチの斜め後方にポジションをとられると、ボランチにはそこが見えていないケースが多くなる。距離的にはすぐ近くにいるのだが、そこへボールをつながれてしまうとボランチはターンしなければならないので対応に時間がかかる。ボランチの後方にいるセンターバックには、ボランチ脇へ入った相手の動きは見えているのだが、センターバックからは距離が遠い。こちらもパスが入ってから距離を詰めるのでは後手になってしまう。

こうしたパスに対しては、原則的に状況の見えている後方の選手が対応するしかない。しかし、そのときに距離が遠すぎると寄せるのに時間がかかりすぎる。だから3ラインは極力コンパクトにしておかなくてはならない。オランダは、スペインのライン間へのつなぎに対して、後方の選手がしっかり寄せて自由を与えず、同時にプレッシャーがかかったらラインをこまめに上げてライン間の距離を詰めていた。このあたりの組織力、機動力は、かなり周到な準備をした様子がうかがえた。

スペインはほとんどオランダの守備を崩すことができず、最初の20分間で放ったシュートはバイタルで珍しくフリーになれたイニエスタのミドルシュートと、オランダのミスが発端のジエゴ・コスタのシュートだけ。だが、先制したのはスペインだった。

26分、スペインは至近距離のパスワークからチャビをバイタルエリアへ潜り込ませることに成功し、チャビからディフェンスの裏へ走るジエゴ・コスタにラストパス、ジエゴ・コスタがファウルされてPKを獲得した。ティキ・タカの面目躍如、このときばかりはオランダの守備陣も為す術なしだった。試合全体でみれば、オランダの守備戦術が見事に奏功してスペインの攻撃は封じられ、スコアも5－1と衝撃的で、「ティキ・タカ時代の終焉」と呼ぶに相応しい。

ただし、この場面のようにティキ・タカがものの見事にオランダの守備を打ち破った場面もある。ティキ・タカがその全盛時においても万能ではなかったように、ティキ・タカ封じの戦術も万能ではない。戦術の潮流についてここまで書いてきたわけだが、そういうものは俯瞰的な説明にすぎず、フィールド上の個々の現象はまた別物だということを老婆心ながら読者の方々にいちおう喚起しておきたい。

PKにつながるシーンを詳しくみてみよう（図35）。

まず、センターサークルでイニエスタとシルバが3メートルほどのごく短い距離のパスを3本つなぐ。これでデグズマンとマルティンス・インディを釣り出し、ディフェンスラインの手前のバイタルエリアに潜り込んだチャビをフリーにしたことが決め手だった。

イニエスタとシルバの3本続く至近距離のパス交換で注目したい点が2つある。1つは、イニエスタとシルバはいずれもオランダの第一列と第二列のライン間にいること。もう1つは、2人とも4－3－3のスペインのフォーメーションにおいてウイングプレーヤーだということである。

オランダの第一列はファンペルシー、スナイデル、ロッベンのラインで、第二列は両サイド（ブリント、ヤンマート）とボランチ（デヨンク、デグズマン）である。バイタルをとる前に、イニエスタとシルバは第一列と第二列の間に入り込み、ここを支配することで第二列と第三列の間のスペースを広げようとした。それが見事に成功したことになる。

図35 スペインの崩し 前半26分

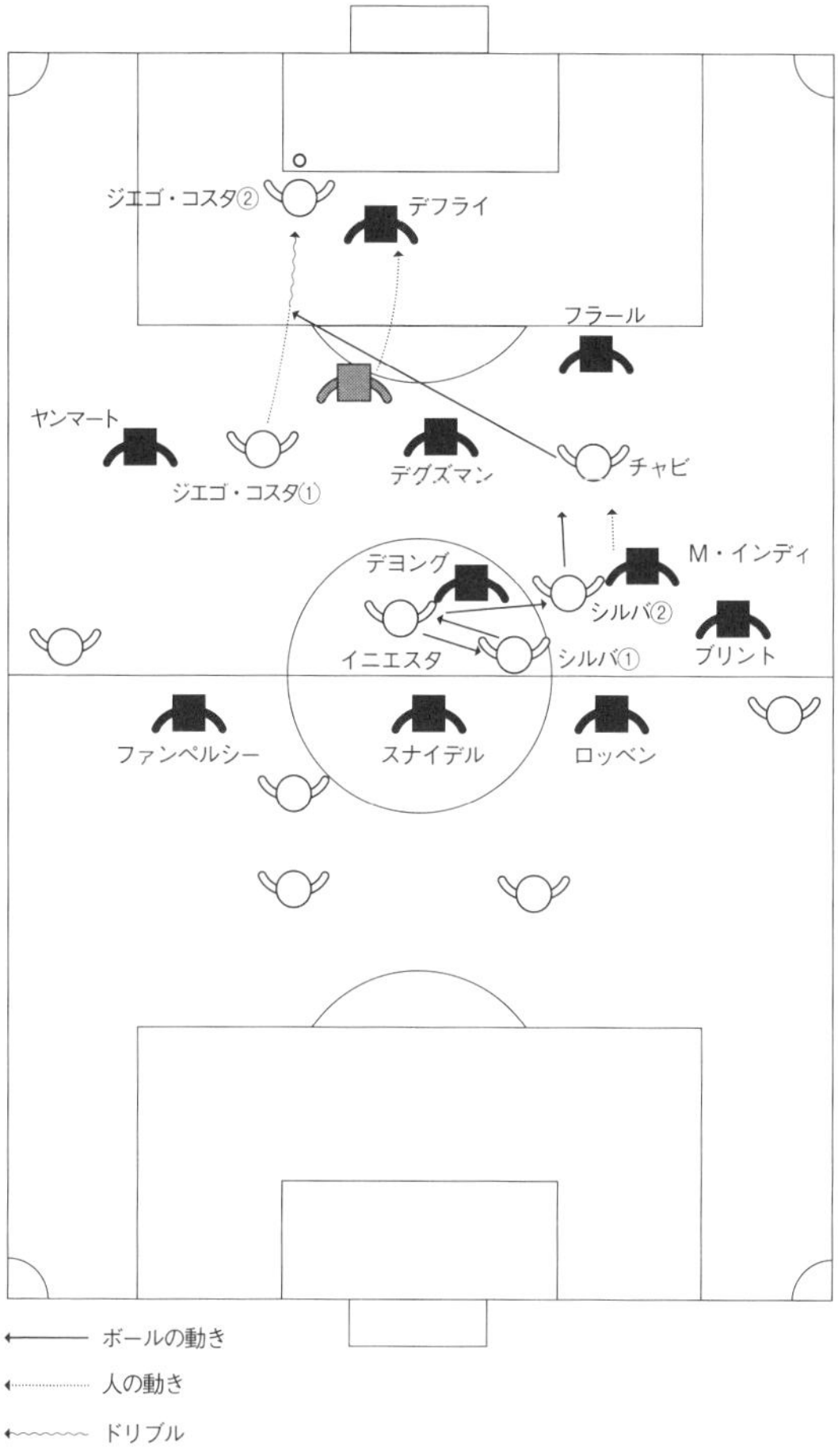

イニエスタとシルバが短いパス交換でデヨンクを翻弄。シルバがフリーになってマルティンス・インディを釣り出してバイタルエリアのスペースを空ける。バイタルへ入ったチャビにボールが渡り、ジエゴ・コスタへラストパスが通る

では、なぜ難なく第一列と第二列の間を支配できたかというと、そこにいたのがウイングプレーヤーだからだ。オランダは中央のスペースをデヨンクとデグズマンで抑えていて、バイタルを狙うチャビに対してはマルティンス・インディが前に出てマークしていた。このゲームの守備戦術どおりの動き方である。ところが、この場面ではイニエスタ、シルバの2人に対して、デヨンク1人が対応している。必死に守備をしているのだが、イニエスタとシルバにあしらわれるように3本ものパスを面前でつながれた。

オランダはゾーンで守っている。ライン間の相手にはぴったりマークしているが、受け渡しながらブロックに穴が開かないように守っている。ということは、ウイングのイニエスタとシルバが中央へ移動しても、ブリントやヤンマートは自分の受け持ちゾーンにいて追ってこない。

この場面では、右サイドからシルバが中へ入ったことでフリーになり、局面的な数的優位を作っている。小さなパス交換でデヨンクが無力化され、カバーに入ったマルティンス・インディが釣り出される。その瞬間にデグズマンとマルティンス・インディの背後へ潜り込んだチャビへパスが渡っている。こうなると次はセンターバックのフラールが釣り出され、フラールが動いたことで空いた中央のスペースにチャビがスルーパスを流し込み、デフライを振り切ったジエゴ・コスタがペナルティーエリアへ侵入、デフライのファウルでPKを獲得した。絵に描いたようなティキ・タカによる崩し方だった。PKをシャビ・アロンソが決めてスペインが1

－0とリードした。

非常によく機能していたオランダの守備だったが、スペインにまんまとバイタルエリアをとられて失点してしまった。こうなると守っているだけでは仕方がない。では、オランダはどうやって攻撃を仕掛けていったのか。

縦1本と高速カウンター

守備に専念しているようなオランダだったが、攻め手もそれなりに用意していた。典型的な例として、前半36分の攻撃を挙げたい（図36）。

自陣でのスローインからスタートして、3バック左のマルティンス・インディがフリーでボールを持つ。そして、ここから最前線のファンペルシーへロングパスを蹴る。セルヒオ・ラモスとピケの間をすり抜けたファンペルシーにパスが通った。オフサイドだったが、オランダの意図がよく出ていたシーンだ。

オフサイドになったシーンを挙げたのは、オランダの1点目と2点目がこれと同じ意図から生み出されているからだ。スペインのセンターバック、セルヒオ・ラモスとピケは間隔を開けすぎる傾向があり、ピケのほうはターンとスプリントがやや遅い。また、センターバック2人の呼吸もあまり合っておらず、ラインコントロールが緩慢でギャップができやすかった。ファンハール監督は、この弱点をつくように指示していたに違いない。ファンペルシーはもともとロングボールを収めてフィニッシュへ持っていくプレーを得意としているが、ロッベンやスナイデルも何回か同じような動きで裏を狙っていた。

同点ゴールは44分、左サイドのブリントからスペインのディフェンスラインの裏へ出たロングクロスにファンペルシーが追いついてヘディングでループシュートを決めた（図37）。ボールの出所は違うが、スペインのセンターバックの背後を狙っているのは36分のケースと同じである。

このときはロッベンをマークしていたピケのポジションがセルヒオ・ラモスよりやや後方でラインが揃っていない。それに気づいたファンペルシーは、裏へ蹴るようにブリントに指示を出している。セルヒオ・ラモスを振り切ったファンペルシーにドンピシャのボールが来てゴールになった。ただ、難をいえばスペインのセンターバック2人の呼吸があまりにも合っていない。ピケがポジションを上げるか、セルヒオ・ラモスが下がるかしなければいけない場面だったが、互いに無頓着にポジションをとっていた。

後半に入って53分、スペインはまたもセンターバックの裏をつかれる（図38）。

中央のスナイデルから左サイドのブリントへパス、ブリントがダイレクトでピケの背後へロ

図36 ファンペルシーへのロングパス

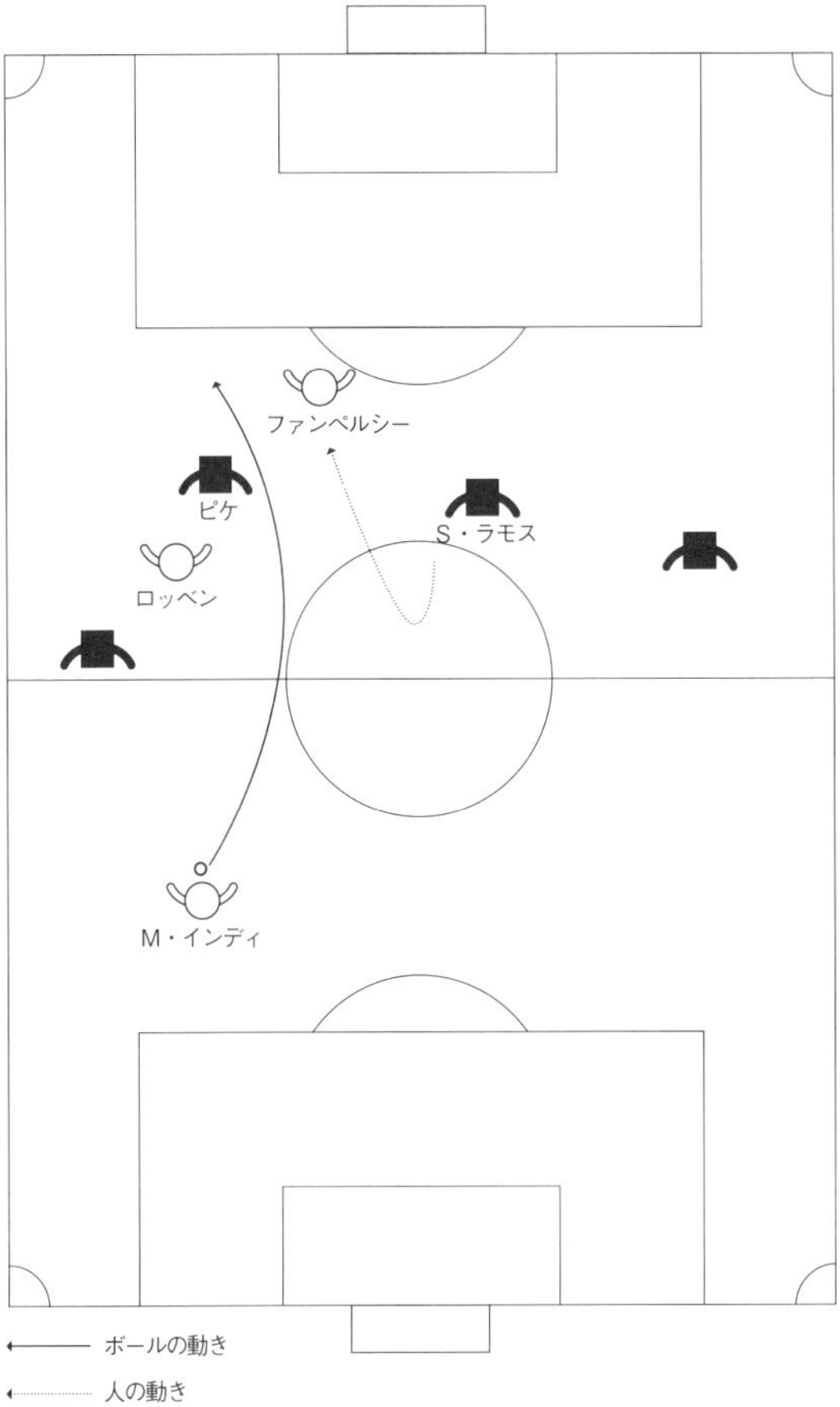

マルティンス・インディからスペインのディフェンスラインの裏へロングパス、ファンペルシーが抜け出したがオフサイドになった。オランダは、スペインの連係の鈍さを狙ったシンプルな攻撃を狙っていた

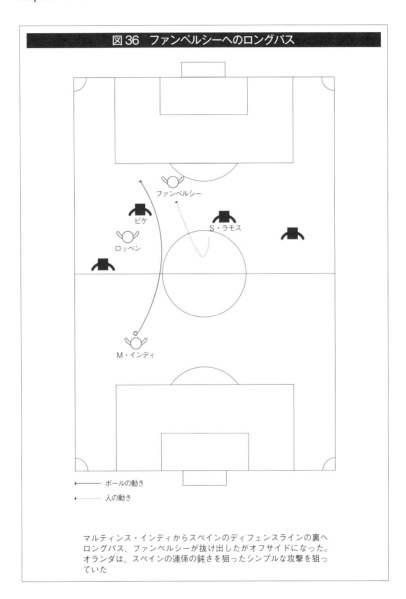

図37　ファンペルシーのゴール

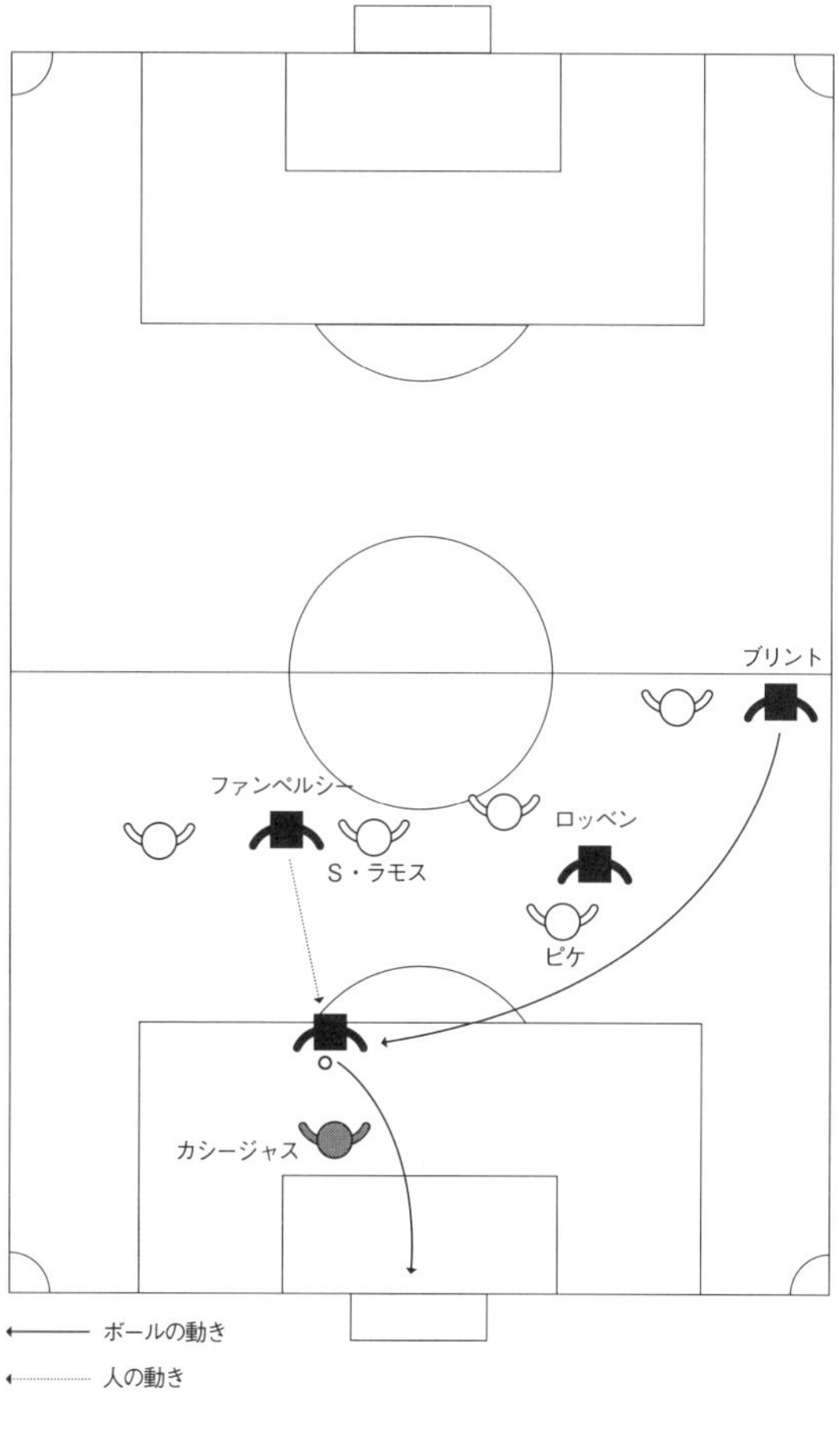

ピケとセルヒオ・ラモスの間にあったギャップに気づいたファンペルシーが手で合図を送って裏へ走り、そこへブリントから長いクロスボールが出る。ファンペルシーはヘディングでＧＫの頭上を越すシュートを決めた

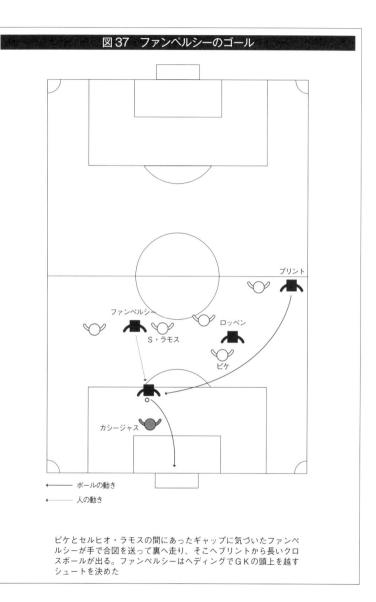

図38 53分 オランダの2点目

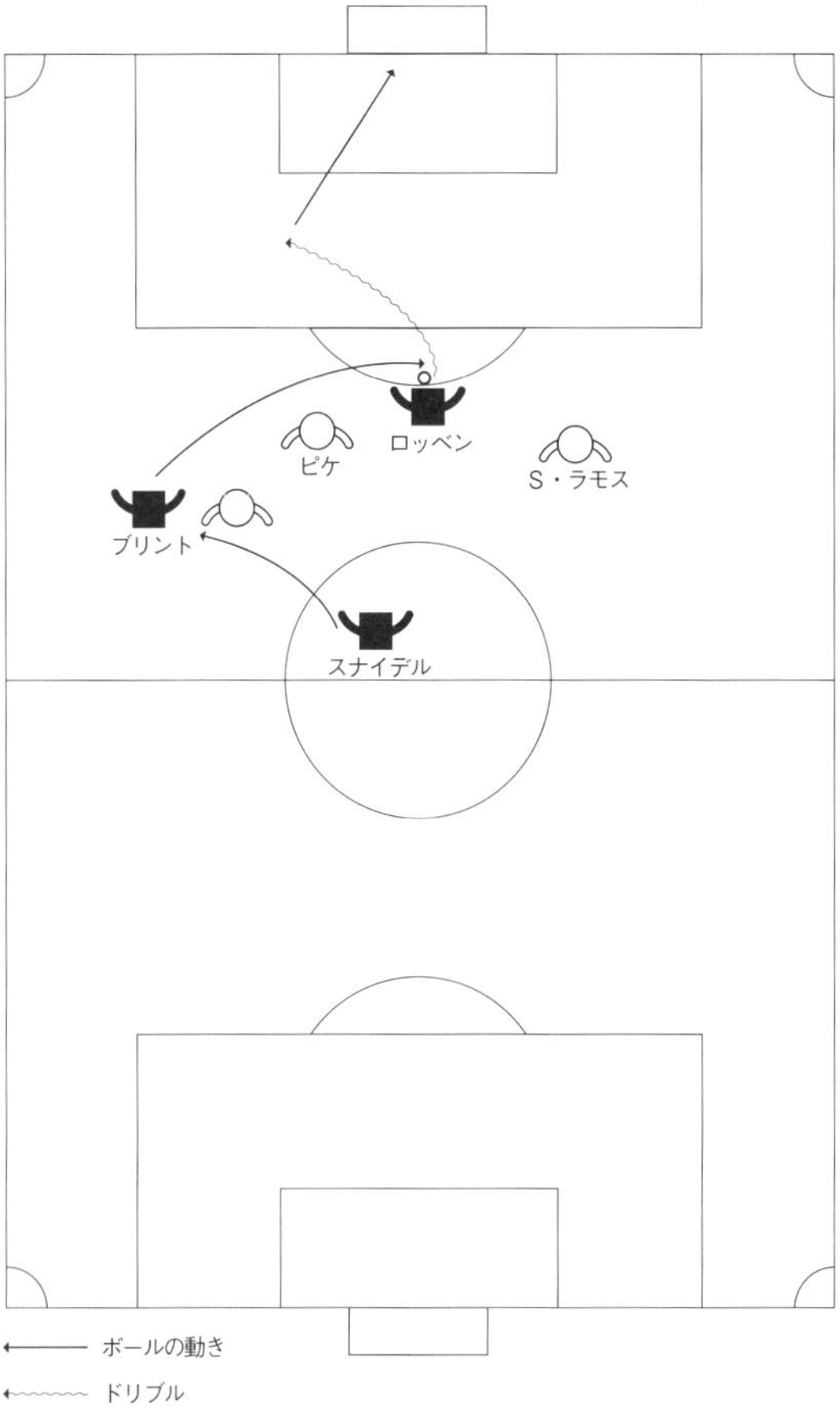

スナイデルからのパスをブリントがダイレクトで中央へ浮き球のパス。ピケの背後から走り出したロッベンは見事なコントロールからＤＦをかわしてゴール。ピケの背後をカバーするセルヒオ・ラモスの反応が鈍かった

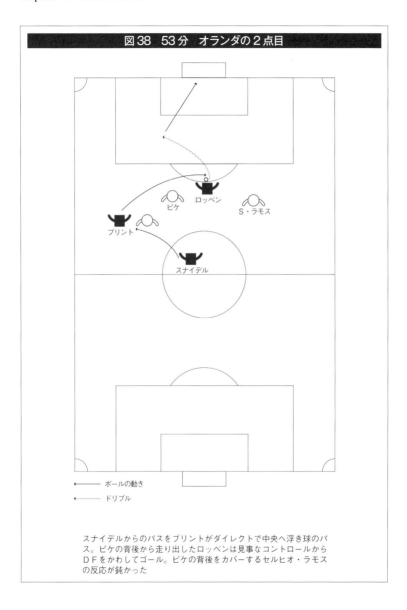

ブを蹴る。ピケは自分の背中側にいたロッベンが急激にスピードを上げたので、右手でロッベンが走るスペースを指して、セルヒオ・ラモスに注意を促しているようにみえる。自分はボールカットに動くから、背後に置いたロッベンのカバーを頼むという感じだろうか。ところが、セルヒオ・ラモスはまったく反応していない。ピケとセルヒオ・ラモスの間のスペースへ、ピッタリ落としたブリントのパスは確かに見事だった。ロッベンのスプリント能力とコントロール、フィニッシュも素晴らしい。ただ、これもセンターバックのコンビネーションのなさが招いた失点といえる。

3点目と4点目に関しては、とくにオランダの攻撃力うんぬんとは関係がない。3点目はスナイデルがFKをファーサイドに蹴り、デフライが押し込んだもの。GKカシージャスとファンペルシーが空中でぶつかっていたのでファウルくさかった。4点目はバックパスを受けたカシージャスのコントロールミスをロッベンがかっさらって決めたもので、完全にミスから生まれたゴールだ。

5点目は、自陣でボールを奪ってスナイデルへつなぎ、そこから裏へ転がしたパスを追ってロッベンとセルヒオ・ラモスが競走、このとき時速37キロというオートバイ並みのスピードでセルヒオ・ラモスを追い抜いたロッベンが先にボールへ追いつき、GKをドリブルでかわしてシュートを決めた。

センターバックの裏へ落とすパスとともに、ロッベンの圧倒的なスピードを生かしたカウンターはオランダが狙っていた形の1つだろう。ロッベン、ファンペルシーという強力な武器と、そこへ決定的なパスを供給できるスナイデル、この3人は理想的なカウンターアタックの組み合わせだった。

弱者の戦法としての3バック

スペインに大勝したオランダは、最終的には3位でブラジルW杯を終えた。しかし、緒戦の勢いのまま突っ走れたわけではない。

高速カウンターという武器は持っていたものの、相手に引かれてスペースを消されたときのオランダはそれほど強力なチームではなかった。もともとの戦い方である4－3－3のボールポゼッションもできるし、実際にそうした試合もあるのだが、この大会のオランダは堅守速攻の戦い方のほうが力を出しやすかったのだろう。そもそも本来のスタイルではスペインやブラジルに対して分が悪いとわかっていたからこそのモデルチェンジなのだ。

過去のW杯で、オランダが自分たちのスタイルを変更したことはなかった。卓越したチームだった74年西ドイツW杯はもちろん、ブラジルと対戦した94年アメリカ大会準々決勝でも一歩も引かずに戦っている（2－3で敗退）。98年フランス大会でも準決勝でブラジルと当たったが、そのときも引いてカウンターを狙うという戦術は採らなかった。それだけ今回のファンハール監督はスペインを恐れていたということだ。

恐れていたという表現が適切でないなら、警戒していた、あるいはボールを支配できないことを知っていた。逆に、自分たちと相手の力関係を正確に把握し、的確な対策を立て、入念に準備し、見事に結果を叩き出した手腕はさすがである。南アフリカ大会の決勝でもオランダは守勢に回っているが、ブラジル大会ほどはっきりとカウンター狙いに徹してはいない。ファンハール監督の見切りの良さが最大の勝因といっていいかもしれない。

ブラジル大会でのファンハール監督は引き出しの多さをみせつけている。スペインに3バックで勝った後は、4－3－3に戻したり、どうしても得点がほしいときはフンテラールを投入して放り込んだり、カイトをサイドバックに回して効果をあげたり、果てはPK戦用に控えGKを投入する高校選手権みたいな采配もみせた。

準決勝のアルゼンチン戦では、デヨンクにメッシをマンツーマンでマークさせたかと思えば、終盤にそのデヨンクにかえてプレーメーカーのクラシーを投入して勝負をかけている。0－0で残り時間が15分ほどになったとき、メッシをマークし続けるよりも、メッシが守らないぶんフリーで攻撃の起点になれるアドバンテージを生かそうとしたわけだ。

攻撃サッカーの頑固一徹にみえて、試合の流れを読んでさまざまな手を打てる。アヤックスの黄金時代を率いていたときにはそんなタイプにはみえなかったのだが、バルセロナの監督になってから意外に柔軟に対処することを知った。そうした勝負師としての冴えがファンハールの凄さであると同時に、クライフなど徹底攻撃路線のオランダ人と合わないところなのかもしれない。

ブラジルW杯でのオランダは、基本的に弱者の戦いを挑んでいる。同じ３－４－３でもアヤックス時代とはそこが根本的な違いだ。

アヤックス型の戦術についてはすでに記してきたとおり、ボールポゼッションの優位を前提にしている。２０１４年のオランダとの違いの第一は、ボールの集配を行うアンカーの有無だ。アルゼンチン戦でようやくクラシーを起用したが、スペイン戦のデヨンクとデグズマンのコンビはどちらも潰し屋である。オランダのＭＦだからパスワークも上手いけれども、彼らの特徴はそれではない。相手にプレッシャーをかけ、体をぶつけてボールを奪いとる守備力がウリの選手たちだ。自分たちがボールを支配してゲームを進めることを諦めていて、相手にボールを持たせながら勝負するのが狙いなのだから、当然守備力優先なのだ。

第二の違いは、守備戦術が完全なゾーンディフェンスだということ。コンパクトにしてディフェンスラインをなるべく高い位置に置いているとはいえ、主な守備エリアはハーフウェイラインから自陣側である。相手陣内での守備ならば、ゾーンよりもマンツーマンのほうが適している。マルセイユのようにマンツーマンらしい形にとどまるか、バイエルン・ミュンヘンのように縦に受け渡せるレベルまで到達できるかはともかく、人を抑え込んでいったほうがプレスの強度は上がる。というより、相手陣内深くからプレッシャーをかけてボールを奪うならマンマークしかない。

ゾーンは、ある程度相手を引き込むことを前提にした守り方なのだ。相手を面前に置いて、そこへボールが入ったらプレッシャーをかけて周囲がカバーリングポジションをとり、ゾーンのブロック内に侵入させない。地域を限定して壁を作るような守り方で、何が何でもボールを奪いとろうというやり方ではない。ゾーンディフェンスとプレッシングの組み合わせで革命的なACミランを作ったアリゴ・サッキ監督も、「敵陣ではマンツーマン」と言っている。ミランは整然としたゾーンディフェンスをベースにしながらも、敵陣で相手を追い込んだときはアヤックス型のマンマークで出口を塞いでいた。

ファンハールがスペイン戦で披露した守備戦術はアヤックスの系統ではなく、むしろミランのやり方そのものといっていい。3ラインを張って間隔を狭め、間に入ってきた相手は漏らさず迎撃する。第一列は無闇に敵陣でボールを追い回さず、ハーフラインまで戻って3ラインを整えてから迎え撃つ。攻撃で敵陣に押し込んだときにはアヤックス型のプレスも行うが、スペインを相手にそれができる時間はさほど多くないと踏んでいただろうし、実際に回数は少なかった。自陣で隙をみせずに守るためのゾーンという選択である。

W杯後、ファンハールはマンチェスター・ユナイテッドの監督に就任する。ユナイテッドへ行くのはW杯の前から決まっていた。W杯で味を占めたわけではないだろうが、開幕当初ファンハール監督はユナイテッドでも3バックを導入している。

プレミアリーグでのユナイテッドの立場はブラジルW杯におけるオランダと同じだと考えたからだろう。前年度の成績は7位だった。マンチェスター・シティ、チェルシー、リバプール、アーセナル、エバートン、トッテナムとともにユナイテッドはトップ7の一角ではあっても、その中での立場は決して強くない。これだけ強豪が居並ぶリーグも珍しいが、上位対決を制するには相手にボールを持たせてカウンターを狙う戦い方がベースになると判断したのではないか。

ただ、3バックの完成度はオランダとは比較にならなかった。前線にはオランダのエースであるファンペルシーがいて、相棒にはルーニーがいる。トップ下には、ここでプレーさせればトップクラスのマタもいる。前線についてはロッベンのスピードはないものの、オランダ代表にそう見劣りしない。しかし問題はそこから後ろだった。とくに要のディフェンスラインに人材を欠いていた。

ファンハール式の3バックがポゼッション型のチームに効果があることはW杯で証明された。しかし、それが今後の潮流になるとまではいえない。なる可能性もある。バルセロナを倣ってパスワークを高めていったチームは多く、とくに各国リーグの上位陣にはそのメリットがあった。同時に下位チームには、それに対抗するための守備戦術が必要になってくる。スペインを粉砕したオランダの戦術を採り入れるチームは増えていくかもしれない。ただ、当のファンハール監督が率いるマンチェスター・ユナイテッドでも人材が揃わなければ機能していないのだから、単純に真似をしても上手くいかないだろう。バルセロナの戦術をそのまま真似て失敗したチームが後を絶たなかったように、オランダの3バックをコピーして失敗するチームも続出するかもしれない。

ただ、W杯に関しては3バックのチームが増加傾向にあり、オランダ以外の3バックのチームも好成績を残したのは事実だ。チリ、コスタリカ、メキシコは、いずれもベスト16に勝ち残り、コスタリカはベスト8まで進出した。

コスタリカとザッケローニの3—4—3

ブラジルW杯での最大のサプライズはコスタリカの躍進だろう。出場は2大会ぶりの4回目、FIFAランキングは34位。北中米カリブ海予選は2位通過だった。90年イタリアW杯でベスト16に進んだのが最高成績で、そのときの監督はボラ・ミルティノビッチである。

ブラジルW杯グループDで同居したのはイタリア、ウルグアイ、イングランド。相当楽観的にみても、この典型的な3強1弱のグループをコスタリカが通過できるとは思えなかった。ところが、緒戦のウルグアイ戦を3－1で勝利すると、続くイタリア戦も1－0、イングランドには0－0で引き分け。なんと1位通過でベスト16へ進出する。

決勝ラウンドではギリシャに1－1、PK戦をGKケイラー・ナバスの活躍で制してベスト8へ。準々決勝ではオランダを相手に延長まで戦って0－0、PK戦で敗れはしたがブラジルW杯でついに無敗だった。

コスタリカのフォーメーションは3－4－2－1（図39）。実は日本代表のアルベルト・ザッケローニ監督が導入しようとしていた3バックシステムとよく似ていた。3－4－3はザッケローニの代名詞ともいうべきシステムで、ウディネーゼを率いていたときに大きな成功を収めていた。しかし、日本代表では何度もテストを重ねたのに、最終的には断念してしまった。ただ、ザッケローニは3－4－3を「攻撃のオプション」として位置づけていたのに対して、コスタリカは主に守備面で活用していた。

基本的な機能性は変わらない。守備では、サイドに3人の選手を配置する数的優位を生かしてボール奪取を狙う。例えば、コスタリカが緒戦で当たったウルグアイは4－4－2だったのでサイドをキーポジションにするウルグアイの選手は2人である。対するコスタリカは3バックの1人、MFのサイド、2シャドーの1人の計3人がサイドでの守備を担当していて1人の数的優位を持っている。サイドへ追い込んだらサイドチェンジをさせないように封じ込み、数的優位を生かしてボールを奪っていた。

右サイドなら、ルイス（右のシャドー）、ガンボア（右ウイングバック）、ドゥアルテ（3バックの右）の3人が連係して守備をする。まず、相手の左サイドバックへの守備はシャドー右側のルイスが行う。ルイスはタッチライン際に開くウイングプレーヤーではなく、攻撃時には中央寄りにいることも多いので、相手の左サイドバックへの守備が遅れ気味になる傾向は否めない。

とはいえ、コスタリカには前線からプレスして高い位置でボールを奪いきってしまおうという意図はないので、初動段階では相手の前進を遅らせるだけで十分である。ここから相手がサイドへ展開してきてからが勝負だ。

右サイドのルイス、ガンボア、ドゥアルテの中間にいる相手に対しては、必ず2人で挟み込む。相手の左サイドバックが左サイドハーフにパスするとして、ボールを受ける相手がルイスとガンボアの間なら、ルイスがプレスバックして挟む。ガンボアとドゥアルテの間なら、ガン

図39 コスタリカのフォーメーション

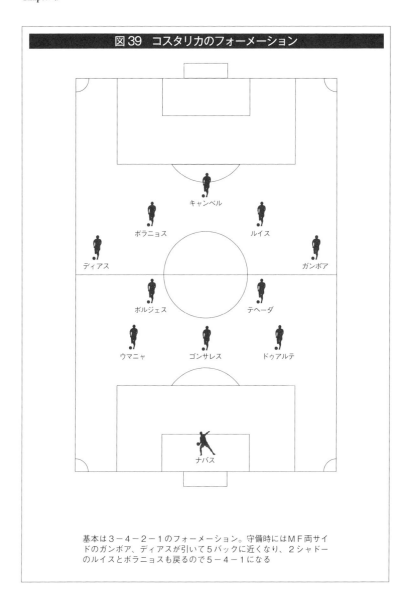

基本は3－4－2－1のフォーメーション。守備時にはMF両サイドのガンボア、ディアスが引いて5バックに近くなり、2シャドーのルイスとボラニョスも戻るので5－4－1になる

ボアが戻って挟む。数的優位を生かして2対1の局面を作ることで、ボール奪取の確率を上げていた（図40）。

この挟み込むプレスは、タッチライン際で行うほうが効果的だ。相手はすでにタッチラインによってプレーの方向を限定されているところへ、2対1にするからボールを奪えるわけだ。中央と違って相手にはほとんど逃げ場がない。

押し込まれたときの守り方はオランダに似ていて、両サイドが引いて5バックになる。2シャドーも引いてきて1トップだけを前線に残し、人数をかけて守備を固める。

攻撃の特徴は2シャドーのポジショニングだった。相手のサイドバック、センターバック、ボランチ、この三者の中間の、誰にもつかまえにくいようなポジションをとる。ここにいることで、相手のサイドバック、センターバック、ボランチの誰かを引きつけ、引きつけることで空いたスペースを狙う（図41）。

このように「間」へ入ってパスを受け、相手の守備バランスを崩していくプレーはスペインやバルセロナが得意とし、世界的に普及した攻め方である。コスタリカでこの仕事を主に行うのは2シャドーのルイスとボラニョスだが、1トップのキャンベルも足下が上手いので「間」へ入れるタイプだった。前線の3人はいずれも狭いスペースでもパスを受けてさばける選手なので、攻撃の起点は作りやすかったはずだ。また、2シャドーのルイスとボラニョスが2人と

図40 コスタリカの守備

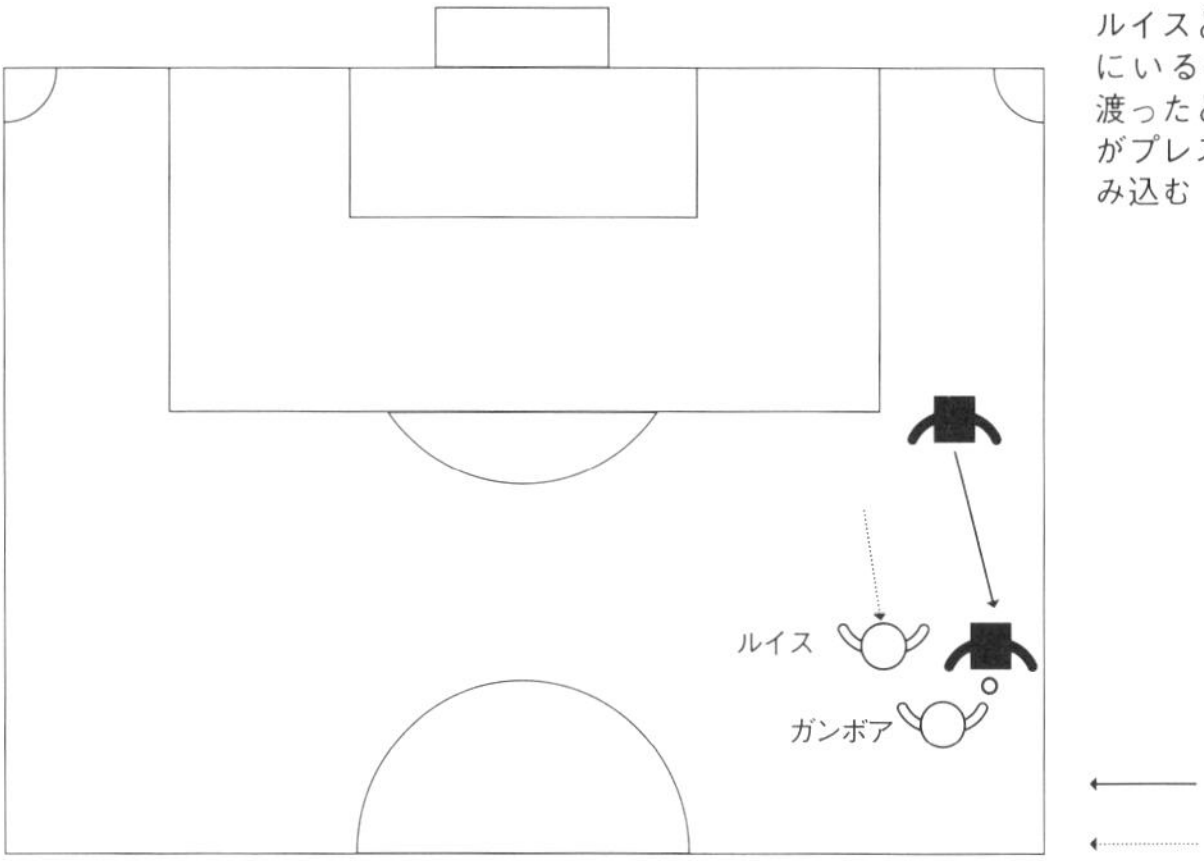

ルイスとガンボアの間にいる相手へパスが渡ったときは、ルイスがプレスバックして挟み込む

図41 コスタリカの攻撃

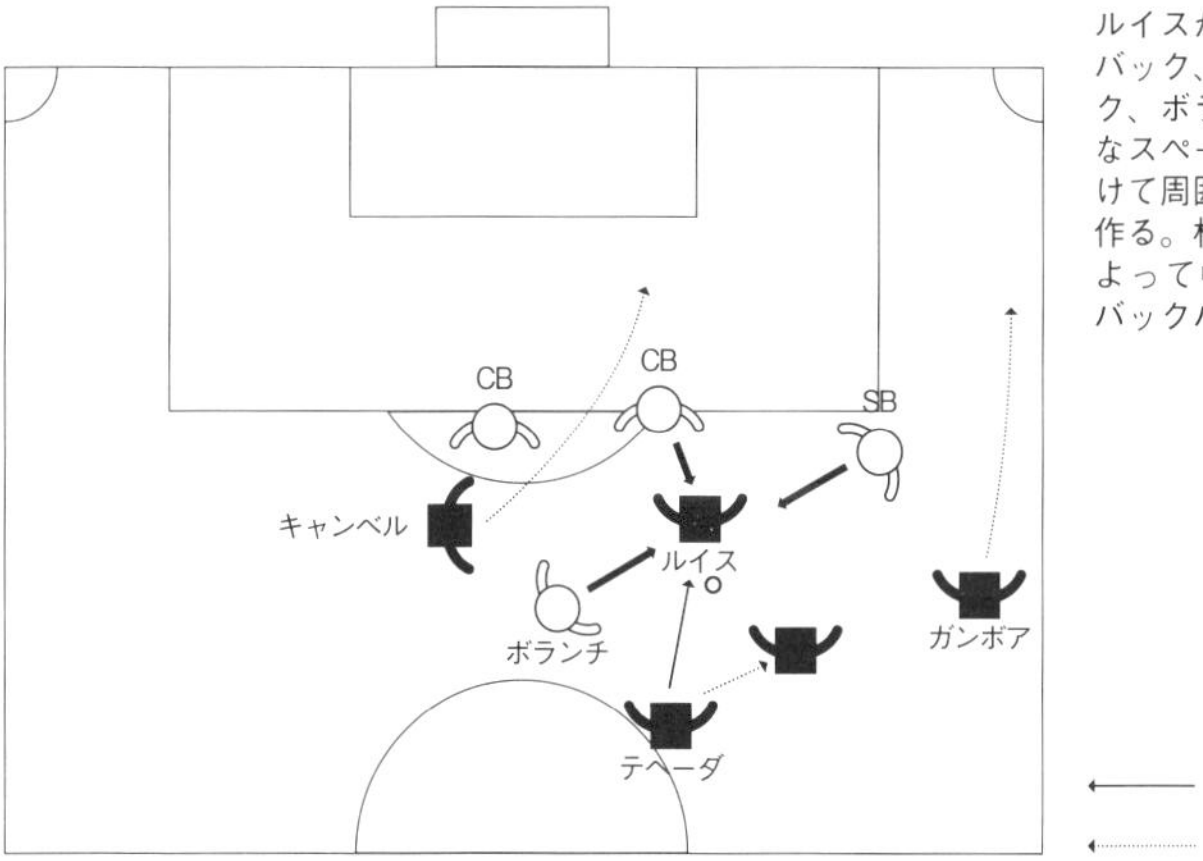

ルイスが相手のサイドバック、センターバック、ボランチの中間的なスペースでパスを受けて周囲にスペースを作る。相手の動き方によって中央、サイド、バックパスを選択

もボールサイドでプレーする場面もあった。逆サイドのアタッカーがフィールドを横断してパスワークに加わるのは、ボールサイドで数的優位を作りやすい方法の1つである。

だが、コスタリカの攻撃の切り札はむしろセットプレーだった。ボランチのボルジェスとセンターバックのドゥアルテは空中戦に強く、ボラニョスのキックも正確。大雑把にいってしまえば堅守・速攻・セットプレー、いわゆる弱者の戦いにおける3点セットを揃えてのベスト8だった。

ところで、ザッケローニは3－4－3を「攻撃のオプション」ととらえていた。コスタリカが守備的に使ったシステムを攻撃の切り札にしようとしていたわけだ。

前記したように、コスタリカの3バックは守備ではサイドへ追い込んでの挟み込み、攻撃ではシャドーを中心に「間」へつないで崩しの起点とする、この2点が特徴だった。その点はザッケローニ監督の狙いも同じである。では、なぜこれが「攻撃のオプション」になるのかというと、狙った形でボールを奪い、攻めることができるからだ。

いわばセットプレー的な効果が期待できる。サイドへ追い込めばボールをむしりとることができるので、短時間で型にハメてボールを奪うのに向いている。そして、攻撃でも相手の守備ブロックの「間」へつなぐことで、引かれていてもこじ開けられる。こちらも短時間で形に持って行きやすい。つまり、相手にリードされていたり、短い時間で攻守のテンポを上げて得点を狙いたいときの「オプション」として有効だと考えていたわけだ。

しかし、ザッケローニ監督はＷ杯を前に３－４－３の放棄を明言した。もうやる価値がないと思ったのだ。就任当初から試してきた「私にとってドレスのようなもの」だった十八番のシステムを諦めたのは、ついにモノにならなかったからである。いくぶんかの不運もあった。３－４－３にしてみたら負傷者が出てシステムを変えざるを得ないなど、テスト自体が不調に終わるケースが相次いだ。３バックに慣れている選手も少なく、不慣れによるデメリットをメリットが上回ることもなかった。「攻撃のオプション」としては、他にもっと即効性のある手段を探した方がいいという結論になったわけだ。

ただ、もし３－４－３を守備のオプションとして使ったらどうだったか。コスタリカのように５バック化して守りきるオプションはそれなりに有効だったようにも思えるのだ。

５バック化して引いたときの３－４－３は、カウンターが難しくなる。あまりにも引きすぎてしまって前線のターゲットがいなくなり、せっかく奪ったボールを前へ運ぶのが困難になってしまう。だからザッケローニは５バック化することを嫌っていた。コスタリカはそれを問題にしていなかった。３強１弱のグループで、不利を前提にしていたからだ。だが、反撃の前に、まず失点を防ぐのが先決。実際、５バック化したときの守備はかなり固い。攻撃には向いていないが守るだけなら向いているのだ。

では、日本が守備のオプションとして3－4－3を使えていたら、コートジボワール戦の逆転負けはなかっただろうか。勝負事にレバタラは禁物、やっていないのだから何ともいえない。ただ、日本に何らかの守備のオプションは必要だったと思う。コートジボワールに押されながらも1－0で前半を終えた後、ザッケローニ監督が切ったカードは長谷部誠に代えて遠藤保仁だった。守りきるのではなく、ボールを取り戻してキープし、自分たちのリズムをつかみ、もう1点とって勝負をつけようという采配だ。メンバー選考の段階で、すでに逃げ切りカードの細貝萌を外していた日本には、攻めきるしか手がなかったといえる。

試合の流れは06年ドイツW杯の緒戦とよく似ていた。終盤にオーストラリアに3つのゴールを食らって逆転負けを喫したときも、ジーコ監督は福西崇史に代えて小野伸二という攻撃的な交代を行っている。1－0のリードを守るのではなく、2点目をとって勝負を決めようとした。リードはしていたが押され気味だった流れも同じである。

W杯を戦い抜くうえで守備力は決め手になる。とくに決勝ラウンドに入れば、手堅い試合の連続になるのは過去の大会を振り返っても明らかだ。守備のオプションなしで臨んだ日本は、勇敢というより無謀に近かった。

W杯開幕目前の6月2日、日本はコスタリカと強化試合を行っている。前半にコスタリカが先制したが、後半に3ゴールを奪った日本が逆転で勝った。しかし、コスタリカのホルヘ・ルイス・ピント監督は、この日本戦で手応えをつかんでいたそうだ。その後の両チームの明暗は改めて記すまでもないが、コスタリカのコンディションのよさは勝因の1つに違いない。FIFAは通常2人のドーピング検査に、コスタリカの選手7人を呼び出したという。ひどい話だが、薬物使用を疑ったのだろうか。

崩し方を知っているメキシコ

毎回グループリーグは突破するが、そこから先へなかなか進めないのがメキシコである。ベスト8進出は2回あるが、70年と86年はどちらもメキシコ開催だった。その後はどうしてもベスト8への壁を破れない。ブラジルW杯も、オランダを相手に1－0でリードしていたのを88分と90分に2点を食らって逆転負け。最後のPKはロッベンのダイブだった疑いが濃く、運もなかった。

メキシコも3バックだったが、オランダの3－4－1－2ともコスタリカの3－4－2－1とも異なり、こちらは3－5－2の2トップである（図42）。前線の構成はオランダの2トップ（ファンペルシー、ロッベン）＋1（スナイデル）でもコスタリカの1トップ＋2シャドーでもなく、2トップをサポートするのは2人のインサイドハーフで、中盤の構成は両サイドにウイングバックを置き、アンカーのバスケスの前にインサイドハーフ2人。

メキシコは、以前から日本の手本にすべきチームといわれてきた。スーパースターがいるわけでもなく、体格も比較的小柄。しかし、パスワークの良さを生かしたスタイルで強豪国とも互角のプレーができる。なかなかベスト8までは進めないとはいえ、確実にグループリーグを突破する安定感は抜群だ。優勝候補にあげるにはやや小粒な印象は否めないが、いつベスト4やファイナルに進んでもおかしくない力は持っている。

ブラジルW杯でも、良くも悪くも従来どおりのメキシコだった。

ボールポゼッションの能力が高い。この点ではオランダ、スペイン、今大会のドイツ、ブラジルといったボール支配力のある強豪国にもまったく劣っていない。逆にいうと、その他の分野では強豪国に見劣りしている。1人でフィニッシュに持っていけるような強力なドリブラーはいないし、DFの体格やパワーにもさほど恵まれていない。パスワークという部分だけが突出しているのがメキシコの特徴といえる。

そこでメキシコは唯一の武器であるパスワークを前面に押し出してプレーする。まずはポゼッション、ボールを支配してナンボのチームだ。ボールを支配することで守備機会そのものを減らすことができるし、相手のミスを誘発することもできる。

もちろん、ポゼッションの高いチームが勝つとはかぎらないのがサッカーで、ブラジルW杯

図42 メキシコのフォーメーション

オーソドックスな3－5－2のフォーメーション。洗練されたパスワークでブラジルW杯もベスト16入りを果たした

でもカウンターアタックのチームが上位に勝ち進んでいる。ポゼッションもカウンターもハイレベルでやれるチームが有利なのは間違いない。だが、そんなチームはレアル・マドリーぐらいというのが実情だ。選手の特徴や対戦相手との関係から、どちらかに軸足を置いたスタイルになる。メキシコの場合、彼らの長所を生かすにはポゼッションに軸足をおいたほうが有利なのだ。

問題は、ボールを安全に運ぶことを優先すると攻撃のスピードは遅くなりがちで、結果的に相手にすっかり引かれてから攻撃を仕掛けなければならないということだ。サッカーにかぎらず、ハンドボール、バスケットボール、ホッケーなどあらゆるボールゲームで速攻が有利なのは自明である。しかし、メキシコの場合はそれを最大限に活用するわけにはいかない。前線にスペースを作るためには、ある程度相手を引き込んで守ったほうがカウンターはやりやすいのだが、そこまで守備に自信はない。また、スペースさえ与えれば個人技でフィニッシュまで独走してくれるようなタレントもいない。

となると、メキシコの選択はできるかぎりボールを保持して相手の攻撃回数を減らすとともに、引いている相手の守備陣に対しても何とかして点をとらなければならず、それも個人技に頼らない方法でという条件がつく。この直面している課題がほぼ同じなので、日本はメキシコにシンパシーを感じるのだろう。ちなみに、日本の指導者の多くがバルセロナに憧れを抱き、バルセロナのサッカーに傾倒しているのもメキシコを見習えというのと同じで、洗練されたパスワークに活路を見出す姿勢に共感を覚えるからだ。

パスをつないで押し込んだ後、メキシコはあまり無理な攻め込みをしない。隙ができるまでじっくりと待つようなボールの回し方をする。そうしたポゼッションの仕方をみて、攻めあぐんでいる、ボールを持たされている、というネガティブなとらえ方をする向きもある。メキシコがというより、日本が同じような状況になったときにその手の批判をよく聞く。ただ、これは「気の持ちよう」なのだ。

守備側が「わざとボールを持たせている」と思ったところで、相手にボールを持たれていることに変わりはない。「決定機は作らせていない」と強がっても、それはまだ作られていないだけで、ボールを持たれ続けているかぎりいつか決定的なピンチを迎える可能性は高いし、自分たちの致命的なミスが起きないともかぎらない。自陣でのプレーがずっと続くというのは、決して有利な状況ではないのだ。逆に、ポゼッションはしているけれども崩せていない、シュートを打てていないという状況を攻撃側がどう捉えるかも同様である。

ボールを保持できているという状況をどう解釈するか、その分岐点になるのはそこから得点へつなげるアイデアを持っているかどうかにかかっている。

アイデアがある、崩す方法もわかっている、いまはまだその機会をうかがっている段階だが、いつかその時がくれば崩せるし点もとれると思っている…それならば、「ボールを持たされている」という気持ちにはまずならない。しかし、ボールは保持できているけれども、相手の守備が固くてなかなかフィニッシュまで行けないし、どうやってそこまで持ち込むかのアイデアも浮かばない。もしそういう状態なら、これは「持たされている」と思わざるをえない。

ボールを保持しているという現象は同じでも、プレーしている選手もみている観客も、ネガティブにとらえたりポジティブにとらえたりするわけだ。メキシコの場合、おそらく「持たされている」というネガティブな見方はしないのではないかと思う。なぜかというと、彼らが崩し方を知っているのは明らかだからだ。

では、メキシコはどういうアイデアを持っていたのか。

実はものすごく単純なパターンだった。もちろん他にもいろいろなアイデアはあるのだろうが、W杯の4試合を通じてメキシコが常に狙っていて、何回も成功させた崩し方は1つである。トップにグラウンダーの縦パスを入れて、それをワンタッチで〝フリック〟する。同時にディフェンスラインの裏へ他の選手が走り込んで突破、GKと1対1にする（図43）。

とてもシンプルな攻撃パターンである。同時に理にかなっている。メキシコのFWに大きな選手はいない。ドスサントスが174センチ、ペラルタが177センチ、エルナンデスは175センチ。俊敏でテクニックはあるが、巨体のセンターバックに体をぶつけられたら明ら

図43 メキシコの攻撃

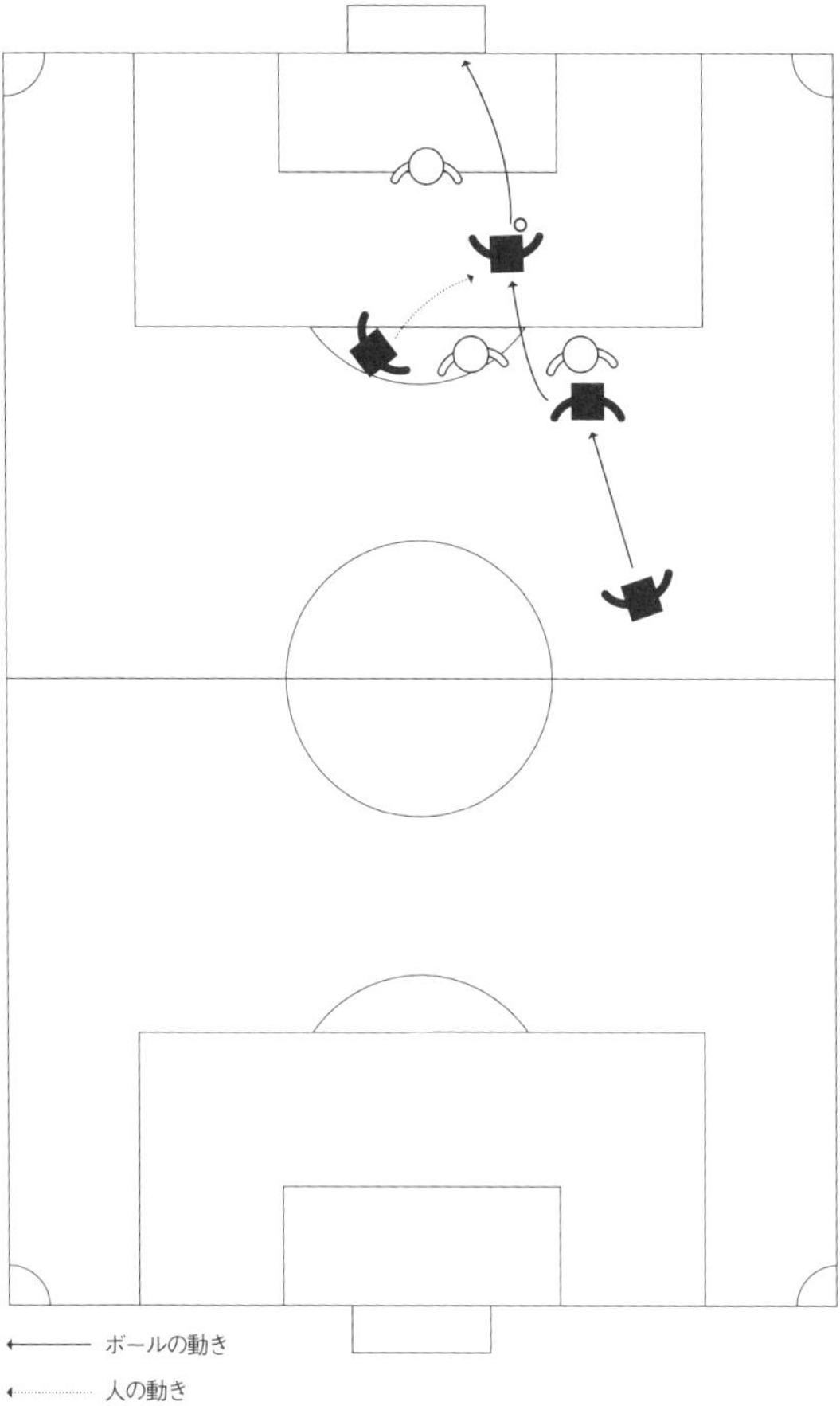

メキシコが得意とする崩しの形。最前線にクサビのパスを入れ、それをワンタッチで方向を変える短いパスをディフェンスラインの裏へ流す。そこへ別の選手が走り込んでラインの裏へ抜け出す

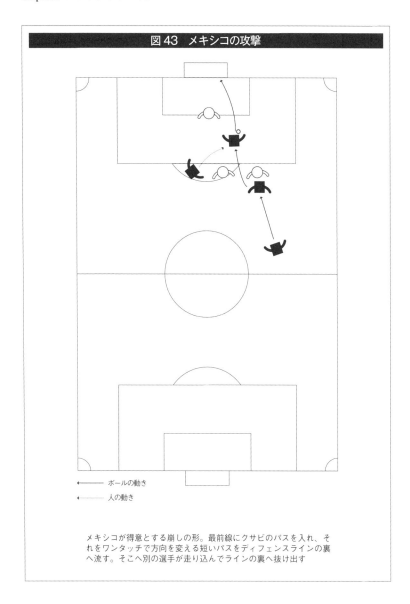

かに不利だ。190センチクラスのセンターバックを背負って長い時間キープするのは難しい。しかし、ワンタッチなら可能だ。素早いフットワークで一瞬マークを外し、足下へ入ってきたパスをワンタッチで方向を変える、これならば彼らの俊敏性はむしろ有利に働く。

相手のディフェンスラインが引いている状態で使える裏のスペースの深さは10メートル程度しかない。GKと1対1にするような決定的な局面を作るには、この狭い裏のスペースに人とボールを送り込まなければならないが、それをオフサイドにもならず、マークも受けず、GKの守備範囲にラストパスが流れないように行うには、メキシコの攻撃方法はとても理にかなっている。ディフェンスラインに近いところにパスを入れておいて裏へ流し、短い距離のスプリントでぎりぎりの飛び出しを狙う。この方法ならば一瞬で勝負が決まる。DFはターンするぶんだけ必ず反応は遅れる、その間にマークを振り切っていれば、DFが追いつく間もなくフィニッシュへ持っていける。フィジカルコンタクトを受けることなく、俊敏性とボールタッチの良さという特徴だけで勝負できる。2トップを採用しているのも、中央でDFと2対2の関係を作りやすいからだろう。

メキシコはこの攻撃パターンで得点もとっているし、決定機も作れていた。相手に引かれても点をとれる自信があるから、ふさわしい状況にならなければ何度でも攻め直す。執拗にバックパスや横パスを繰り返し、傍目には「ボールを持たされている」のと変わらない状況であっても、彼らはそう思っていない。引いて守りを固めている相手を崩すのに慣れているし、最後は崩せると知っているから平気である。

余談だが、日本の育成年代の代表チームがことごとくアジアのベスト8で敗退するという珍しい事態が2014年に起きた。アジア大会に参加したリオ五輪の代表へつながるU－21代表、U－20ワールドカップとU－17ワールドカップの出場権をかけて戦ったU－19、U－16がそろって準々決勝で敗退している。ポゼッションできてもなかなか崩せない、ゴールに結びつかないという展開に、まるでボールを持つことが悪いかのような批判すらあった。また、引いた相手を打ち破れるような「個の力」が必要だという意見も。

そこではない、と個人的には思っている。

ボールを支配できていること自体はマイナスではない、普通に考えれば日本は有利な立場にいた。それが得点に結びつかなかったので、「パスをつないでいただけ」というネガティブなとらえ方になったわけだ。ポゼッション自体は良くも悪くもない。それがネガティブにとらえられてしまうのは、メキシコと違って〝終点〟がみえないからだ。

引いた守備ブロックを破壊できる「個の力」という要求はかなりハードルが高い。確かにそういう選手がいれば苦労はないかもしれないが、引かれてしまえばロッベンだって簡単にはこじ開けられないわけで、メッシやロナウド級のスーパータレントとなると育成でどうにかなるものではない。フィニッシュへ結びつけられないのは技術よりもアイデアの問題だ。パスワークで打ち破ろうというなら、なおさらチームとしてアイデアを共有していないと難しい。まず、監督にアイデアがあったのか、あったのならなぜ機能しなかったのか。そこを追求しないで、日本のメッシが現れるまで待っているのでは何も解決しないのではないか。それでは、せっかく優勢に試合を運べる力があるのにスコアに結びつけられない状況は今後も続くのではないか。

スーパースターがいないならいないなりに、メキシコは彼らのアイデアを持ってブレずにパスワークのサッカーを貫いてきた。メキシコが最後にベスト8の壁を破った86年には、ウーゴ・サンチェスというスーパーなストライカーを擁していた。そのときのメキシコは、現在ほど洗練されたパスワークのチームではない。ブラジルW杯のベスト16で、メキシコの16強どまりは6大会連続になった。頭打ちである。しかし、サンチェス級の選手が現れたときは、ベスト8進出、あるいはさらに高みに登ることも十分に可能だと思う。現在のままでも、少しの運に恵まれればベスト4ぐらいまでは行ける力は持っているのだから。

ビエルサとサンパオリのチリ

オーストラリアとスペインに連勝、オランダに負け、ブラジルと引き分け。ＰＫ戦でブラジルに敗れたチリはベスト8目前で力尽きた。しかし、前回大会同様にチリのサッカーはとても印象的だった。

チリも3バックを採用している。そしてまたオランダともコスタリカともメキシコとも違う3バックである。3バックといってもいろいろある、というよりもブラジルW杯については同じものがない。

チリのフォーメーションは3－4－1－2（図44）。3－3－2－2、3－4－3も使っていた。オランダ、コスタリカ、メキシコと一線を画しているのは、相手陣内でのプレッシングを積極的に行うところだ。オランダはすでに記したように、自陣にゾーンのブロックを敷いての対応だった。コスタリカも相手陣内でのプレスはあまりやらない。メキシコもリトリートすることが多かった。チリの場合は、相手陣内からしっかりとプレスをかける。そのときのマークをつかむ速さとボールへの寄せ、その際に発揮される機敏さと運動量は強烈な印象を残している。

２０１０年の南アフリカ大会でチリを率いていたのは、マルセロ・ビエルサ監督だった。いきなり練習場に住み込みはじめて周囲を呆れさせたというエピソードは、いかにも彼らしい。08年10月16日、W杯予選ではじめてアルゼンチンを破ってビエルサ監督はチリの歴史を変えた。本大会でもベスト16に進出、例によってプレッシングとハイテンポの攻撃、インテンシティの高いプレースタイルで熱狂と共感をもたらしている。

ビエルサは2015年まで契約を延長していたので、本来ならブラジルW杯でも指揮を執っているはずだった。ところが、彼を招聘したハロルド・マイネ・ニコルス会長が再選されず、その場合は辞任もありうると表明していたとおり、ビエルサはチリ代表監督の座を降りてしまった。後任にはクラウディオ・ボルギ監督が就任したが、成績不振のために辞任。2012年12月にホルヘ・サンパオリ監督が就任した。

サンパオリはビエルサの熱烈な信奉者だ。アルゼンチン人で、かつてビエルサが選手時代を送り監督も務めたニューウェルスでプレーしていた。ただ、19歳のときに重傷を負って選手生活を断念したためプロ経験はない。その後は指導者としてアルゼンチンのアマチュアクラブで経験を積み、ペルーのオーリチでプロチームの監督デビュー。ペルー、チリのクラブチームを渡り歩き、11年から指揮を執ったウニベルシダ・デ・チリではリーグ優勝3回、コパ・スダメリカーナ優勝という輝かしい実績をあげた。ブラジルW杯のチリは、バルセロナで活躍していたアレクシス・サンチェスらの海外組と、かつてウニベルシダ・デ・チリでサンパオリ監督下でプレーしたエドゥアルド・バルガスやマルセロ・ディアスらの混成チームである。

ビエルサが仕込んだチームの継承者として、サンパオリ監督はうってつけだった。

チリの特徴をひとことで表現すると、「真面目なサッカー」だ。労を惜しまず、献身的に走り、

図44　チリのフォーメーション

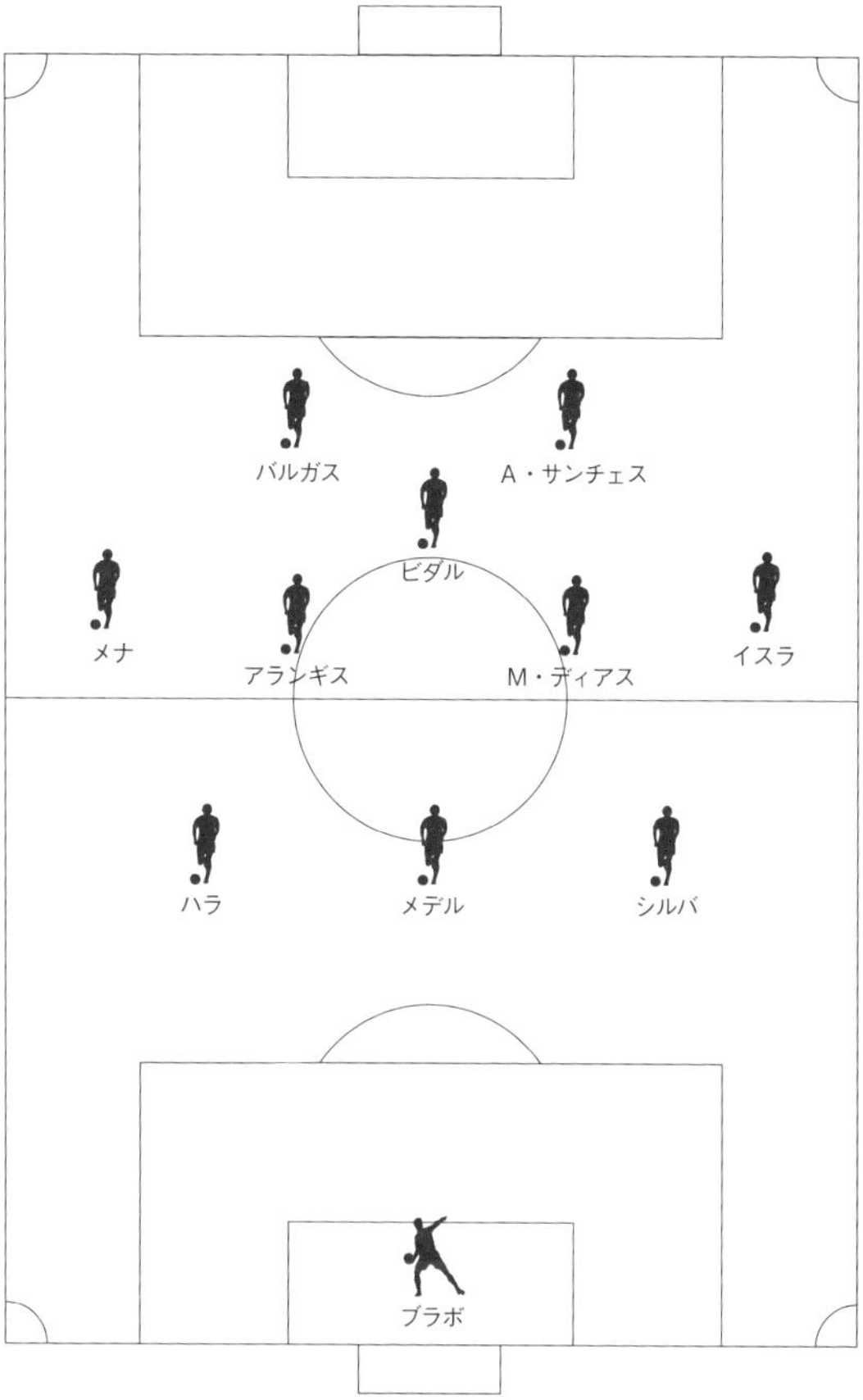

3－4－1－2のほか、3－4－3や3－4－2－1も使った。豊富な運動量で相手陣内からプレスを仕掛けるのが特徴

勇敢に攻める。とくに相手陣内におけるプレッシングの苛烈さには、ビエルサ・イズムが息づいていた。ただ、サンパオリ監督のチリ代表における戦績はすでにビエルサを上回っているし、ブラジルW杯のチリをあまりビエルサと結びつけるよりも、サンパオリのチームと考えたほうがいいだろう。

勤勉さがウリのサッカーといえば、こちらもメキシコ同様に日本が目指すべきスタイルにも思えるが、チリの選手たちの身体能力は現在の日本が真似するのは難しそうだ。岡崎慎司、長友佑都、今野泰幸あたりならチリのメンバーに入ってもやれそうだが、アジリティに関してはかなりのハイレベルだった。ちなみにチリは参加32カ国の中で、平均身長が最も低い。センターバックのガリー・メデルは172センチという、このポジションでは信じられない低身長だ。そのかわりに大半の選手はガッチリした体格で、機敏さはもちろん空中戦で簡単に負けないパワーがあった。

あれだけ走ってよくバテないものだと感心しながらチリの試合をみていたが、実は後半はけっこう足が止まっている。それでもスペインを相手に前半だけでもプレスをかけ続けてパスワークを分断できたのだから大したものだ。スペインやバルセロナを相手にする場合、後方でもパスをつないでくるのはわかっているので、相手陣内でプレスをかけるチームは多い。だが、続いて20分ぐらい。たいていは10分ぐらいで息切れして、結局は押し込まれてしまうケースがほとんどである。少なくとも45分間はもったのだから、それだけでも凄いスタミナだ。

ただ、チリがスタミナだけでプレスを続けていたわけではない。例えば、タッチライン際にボールがあるときは挟み込んだり、3人で囲んで逃げ場を塞ぐなど、かなりアグレッシブに奪いにいく。コスタリカのところで触れたように、サイドではボールを奪えるチャンスが大きいからだ。一方、中央ではボールホルダーをフリーにしているケースもあった。パスが出そうな選手はすべてマークしてつかまえているが、安易にマークを捨ててまでボールホルダーにプレスしない。慌ててマークを受け渡しながらプレスすると、ワンタッチパスを上手く使われて玉突き的にマークがズレてしまう危険があるからだろう。中央ではまずはマークを優先して、それからプレスというように場所によって守り方を少し調整しているようだった。スタミナがあるのは確かだが無駄遣いはしていない。

唯一敗れたオランダ戦でも、前半にかぎってはチリが圧倒している。ボールポゼッションはチリの68パーセントと、スペイン並みの高い数値だった。しかし、スペインとは主導権の握り方がまったく違うのだ。

スペインは正確なパスを縦横に回し、人はさほど動かないがボールが動くパスワークである。チリの場合は、パスワークよりもボール奪取の速さでポゼッションを上げていた。前線からのプレスが速く、誰もさぼらない。これは相手陣内でのプレスを成功させるには大きな要件で、

1人でも守備に参加しないと上手くいかないのだが、チリはしっかり各自の役割を遂行していた。ディフェンスラインで1人の数的優位を持って守備をするには、敵陣でプレスするときにマークをしない相手を作らなければならない。ボールが渡る可能性が最も低い相手選手であり、通常はボールとは反対サイドのDFになる。それを完遂するには、FWもつかまえるべき相手選手を間違えずにマークしなければならないが、チリは忠実にそれを実行していた。

もちろんパスワークも下手ではない。ただ、テクニックでパスを回すというよりも、運動量で回していた。

3バックの前に位置するマルセロ・ディアスとアランギスの2人は、後方からビルドアップするときにパスワークの軸になる。ここがビルドアップの最重要ポジションになるのはマルセイユやバイエルンのところで言及したとおりだ。ところが、チリはしばしばボランチの2人が前方へ移動する（図45）。

チリのボランチをマークしている相手が一緒に下がっていくと、入れ替わりに前線から別の選手が下りてきてアンカーの位置に入る。トップ下（オランダ戦ではグティエレス）が下りる場合もあるが、トップのアレクシス・サンチェスがかなりの頻度で下りてくる。縦のポジションチェンジは、ビエルサのチームでも大きな特徴だった。だが、ディフェンスライン近くのビルドアップでこれを使うことはあまりない。これに関してはサンパオリ監督のアイデアなのだ

図45 チリのビルドアップ

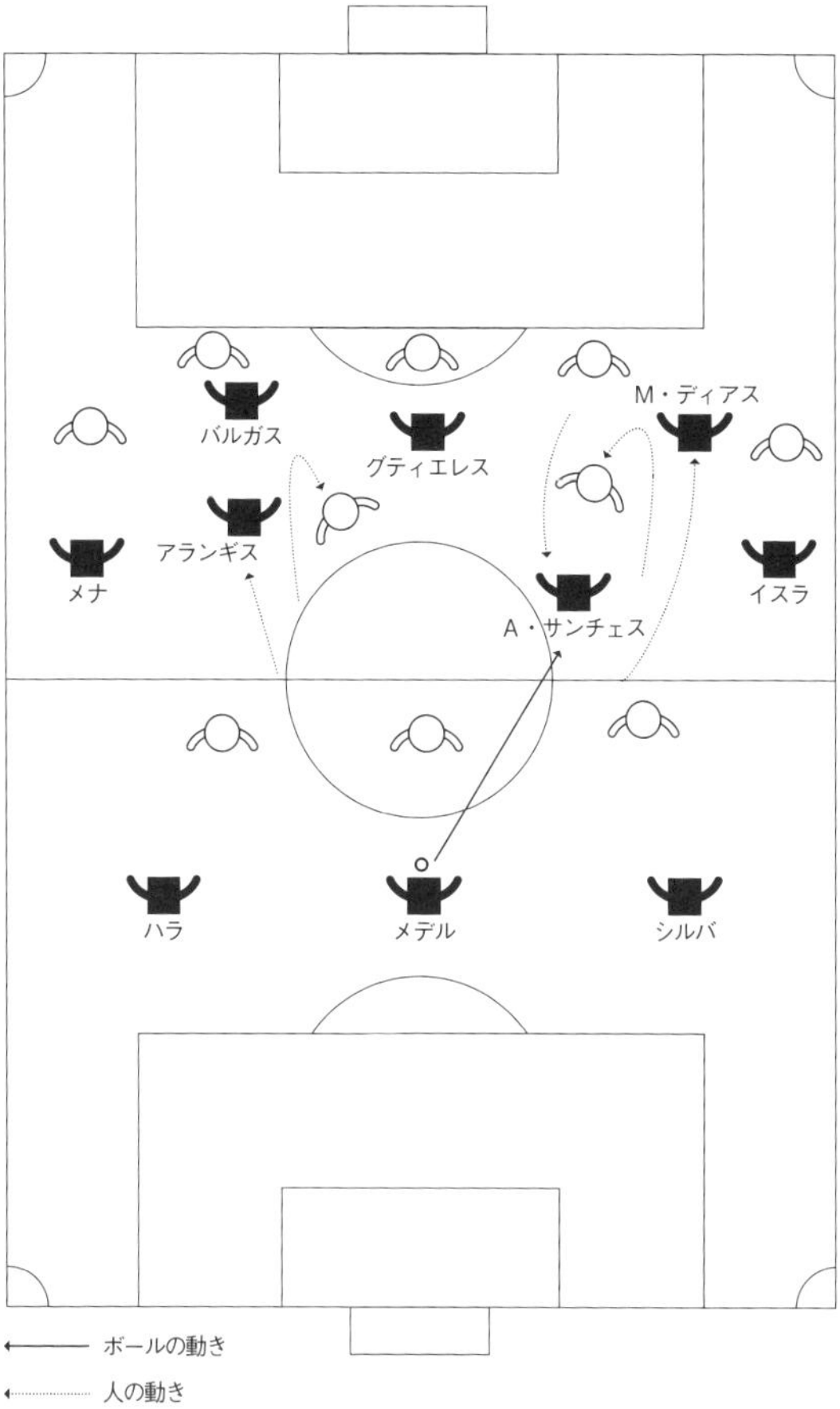

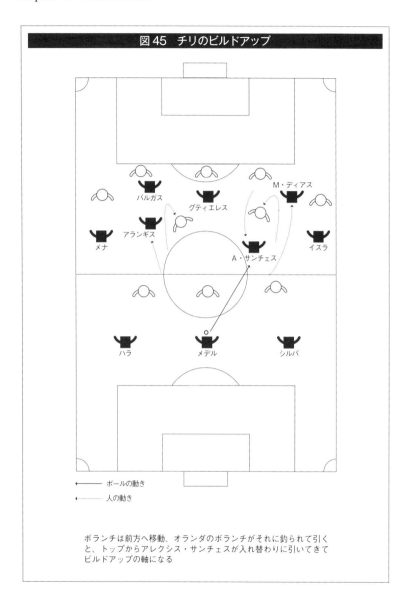

ボランチは前方へ移動、オランダのボランチがそれに釣られて引くと、トップからアレクシス・サンチェスが入れ替わりに引いてきてビルドアップの軸になる

ろう。

オランダは3バックのラインをなるべく高く設定しようとする。コンパクトなブロックを作るためだが、チリは徹底してその裏のスペースを狙っていた。センターバックのメデルあたりから、1本のロングパスを裏へ落とす攻め方だ。この執拗に裏を狙う動きと、縦のポジションチェンジを組み合わせていたので、前半のオランダはかなり混乱していた。

ちなみにオランダ戦についていうと、後半にサンパオリ監督が行った選手交代は大失敗だったのではないかと思っている。

前半のチリはトップ下にグティエレスを置いた3－4－1－2だった。それを後半にグティエレスに代えて左ウイングのボーセジュールを投入し、アレクシス・サンチェスを右へ開かせる3－4－3に変更した。ビエルサ時代と同じ形にしたわけだが、これで縦のポジションチェンジによる効果が激減してしまったのだ。

ボランチが前進、前線が入れ替わりに引く、チリの縦のポジションチェンジに対して、オランダのMFはボランチについていくのか縦に受け渡してしまうのか、受け渡すにしてもどのタイミングでやればいいのか、かなり混乱が生じていた。右往左往という感じだったのだ。ところが、トップ下をなくしてアレクシス・サンチェスを右に固定してしまったために、右寄りにいるアレクシス・サンチェスがオランダの第二列と第三列の間でパスを受ける形がメインになってしまう。半身で縦パスを収めるアレクシス・サンチェスのキープ力はそれでも効いていたものの、これはオランダにとっては思うつぼだった。スペイン戦で奏功したバイタル潰しをそのまま適用すればいいからだ。

せっかく前半は存分にかき回せていたのに、フォーメーションを変えた途端にばったりと勢いが止まってしまった。サンパオリ監督も失敗したと思ったのか、途中でトップ下の名手バルディビアを投入して4－2－3－1に変えている。ただ、これもリズムをつかんだオランダの流れを変える助けになったとは言い難い。オランダの3－4－1－2とはマッチアップがズレているので、オランダがボールを支配している状況では歯止めがかかりにくいのだ。結局、サイドから攻め込まれ、CKからフェルのヘディングシュートで失点する。CKをいったん大きく下げてからハイクロスを送ったオランダの工夫もあったものの、大会最低身長のチリと180センチ以下が1人もいないオランダとの高さの差が出てしまった。

2点目はロスタイム、チリが総攻撃に出たところをオランダがカウンター、ロッベンが快足を飛ばして突破し、決定的なラストパスをデパイが決めた。スコアのうえで2－0はオランダの完勝だが、実質的には1－0、少なくとも試合の半分は完全にチリのゲームだった。

だが、チリにとって理想的な前半の45分間も、実は決定的なチャンスはほとんどなかった。圧倒的に押しているのに決め手がないのだ。

絶え間ないプレッシング、ハイテンポの攻守、ポジションチェンジの連続…それで主導権を握るのはビエルサ、そしてその後継者であるサンパオリのチームの特徴であり魅力なのだが、それが必ずしもスコアに反映されないことも少なくない。

戦術が悪いのではなくタレント不足なのだ。2人の監督が凄いのは、さほど戦力で優っているわけではないチームを率いて鮮やかなサッカーを披露できるところにあるのだが、最後のところで個人の力量が足りなくなるきらいがある。チリなら、スーパーなアタッカーはアレクシス・サンチェスだけだった。ビダルが負傷の影響でコンディションを悪化させていなければ、もう少し何とかなったかもしれないが。バルディビアという天才的なパサーはいる。ただし、全員が献身的に守備をしなければならないスタイルでは使いにくい選手だった。ビエルサのときもそうだったが、サンパオリもバルディビアをチームから外していない。点がほしいときの切り札として使っている。ただ、時間はだいたい15分間限定だった。

「上手い選手が走れば一番いいわけだが、それがそう簡単にはいかないのだ」

イビチャ・オシムの語録の1つだ。チリは手数は多いがノックアウトパンチのないボクサーに似ている。ただ、必殺の一撃を求めれば、あのダイナミックなスタイルは実現していなかったかもしれない。

Chapter 4

日本サッカーと3バック

オフサイド・ルール改正がはじまり

1925年、オフサイド・ルールの改正が行われた。サッカー史上最大のルール改正である。戦術的にも大きな分岐点だった。

ルール改正前は、パスを受ける選手とゴールラインの間に守備側の選手が3人いないとオフサイドだった。パスを受ける選手がオフサイドにならないためには、通常ゴールを守っているGKのほかに、もう2人守備側の選手がいなければならない。現在の感覚では、あまりにも攻めにくい。いま、いきなりかつてのルールに戻すとしたら、きっとオフサイドの山が築かれるに違いない。実際、旧ルールのときにはオフサイド・トラップを得意とするハダーズ・フィールドは、1試合で数十回もオフサイドをとっていたそうだ。

旧ルール下では、主に2バックでプレーしていた。今風にいえばDFは2人、MFが3人、FWが5人の2－3－5システムだ。FWの5人は前線が3人、それより下がった位置にインサイドフォワードが2人。細かく分けると2－3－2－3システムということになるだろうか。ともあれ、攻撃側の最前線が3人で守備側が2人では守備側の数的不利なわけだが、旧ルールの下では縦方向へのパスがかなり使いにくかったからDF2人で守れたのだ（図46）。

図46 旧ルールでのオフサイド

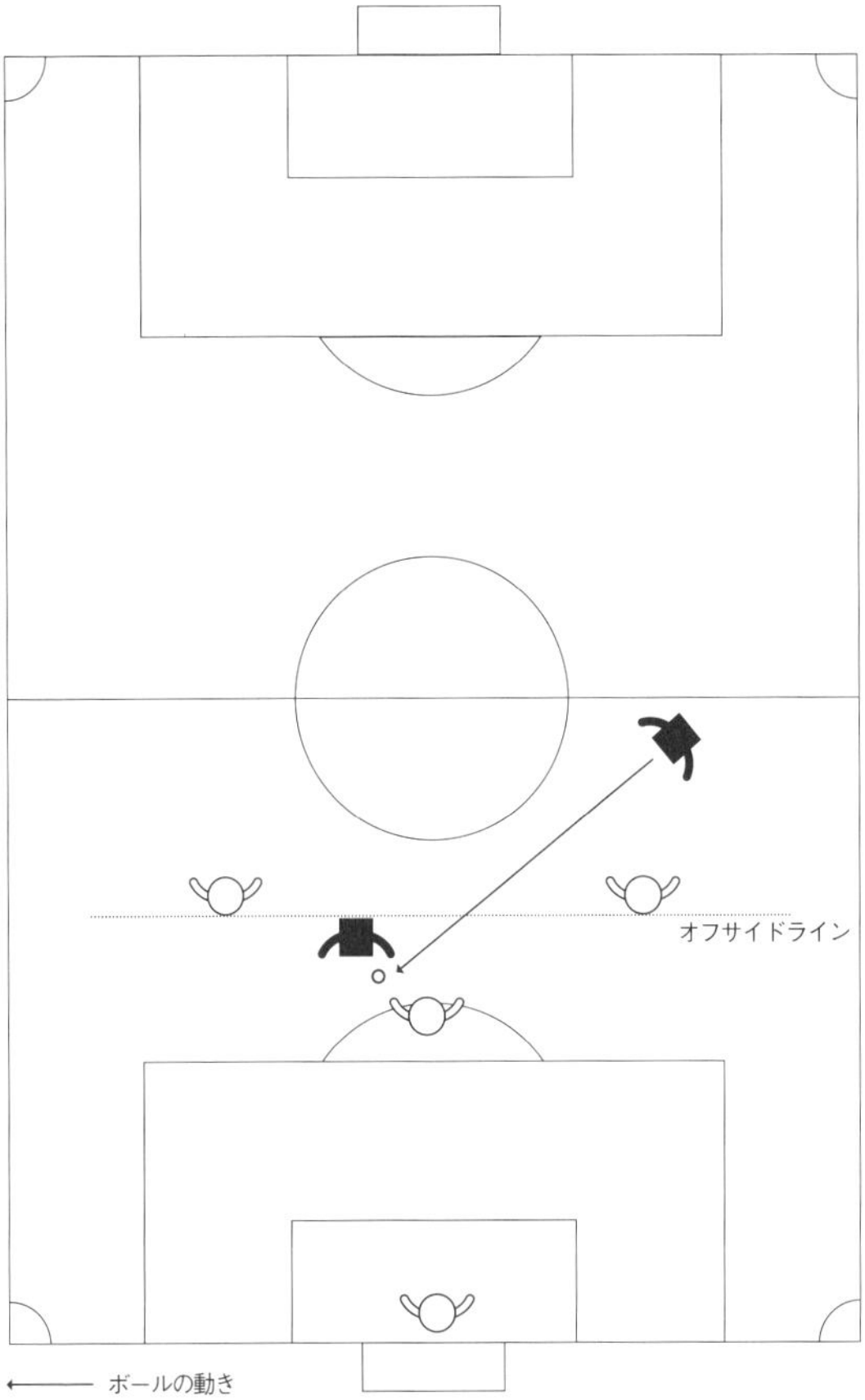

ゴールラインとパスを受ける選手の間に3人以上の守備側の選手がいない場合はオフサイドだった

ところが、ルール改正によってオフサイドが成立する条件が攻撃側に有利になった。現在と同じく、パスを受ける選手とゴールラインの間に守備者が1人の場合がオフサイドとなり、2人以上ならオンサイドになった。新しいオフサイド・ルールが適用されると、当然のごとく2バックで守るのは厳しくなり、ハーフバックから1人を下げる3バックが考案される。3－2－2－3のWMシステムである。

WMといえば、その発案者であるハーバート・チャップマン監督の率いたアーセナルが有名だが、アーセナルの初タイトルとなるFAカップを獲ったのは1930年、ルール改正から5年後である。チャップマン監督が3バックに着手したのはルール改正後まもなくだったというから、3バックにしたからといってすぐに劇的な効果があったわけではないようだ。しかし、その後はリーグ優勝3度、FAカップも再度獲得して大成功を収める。WMは世界中に広まっていった。

日本が3バックシステムを導入した時期は、世界的にみても遅いほうではなかったと思う。ルール改正から11年後にWMを採用している。サッカーファンはW杯開催の4年サイクルで時間を計ることに慣れているだろうから、ほぼ3大会ぶんの年月はかなり遅れているように感じるかもしれないが、情報もかぎられていた当時としては現在よりも時の流れはもっとゆっくりしていたのだ。

ルール改正のあった1925年当時、日本はまだFIFAに加盟していなかったものの、外電でルール改正を知って1926年には新ルールが採用されていた。WMシステムの導入は10年後の1936年ベルリン五輪まで待つことになるのだが、守備側に不利なルール改正に対応して、センターハーフが守備的にプレーするなどの工夫はすでにあったようだ。必要は発明の母であり、考えることは洋の東西を問わないということだろうか。オフサイド・ルールの改正が3バック誕生のもとだった。

ベルリンの奇跡

1936年8月4日、ベルリン五輪の1回戦でスウェーデンと対戦した日本は3－2の逆転で勝利する。スウェーデンは大会優勝候補の一角だったので、これは大金星であり番狂わせだった。

日本代表は現地入りしてから3つの地元クラブと練習試合をした。その最初の試合で対戦相手が3バックでプレーしているのを確認し、その後の2試合をWMにシステムを変更して本番に備えている。WMシステムを知ったのはこのときがはじめてだったが、すでにルール改正から11年が経過していた。ルール改正後の守備の不利と対応策については経験していたので、W

Mもすんなりと受け入れられたようだ。

ベルリンの地元クラブ（ワッカー）が採用していたぐらいだから、WMはそれなりにヨーロッパでは浸透していたに違いない。ただ、すべてのチームがWM一色というわけでもなく、スウェーデンを破った後の2回戦で対戦したイタリアは2バックだった。イタリアはそのまま勝ち上がって金メダルを獲得している。日本との対戦スコアも8－0だった。システムが新しいからといって勝てるわけでないのは昔も今も同じである。

ただ、日本がWMを導入したタイミングは世界的にみても遅くはないといえそうだ。チャップマンがWMを考案して成果をあげたのが1930年、日本がベルリンでスウェーデンを破ったのが1936年。外国の情報などあまり入ってこない状況だったにしては早いほうだろう。

WMは、1930年代から1950年代にかけて主流システムだった。

ブラジルが4－2－4でワールドカップ優勝を果たすのが1958年、4年後にはほとんど同じ内容だったが4－3－3と呼ばれ、こちらもチリW杯で優勝する。ブラジルのような世界のトップチームに関しては、50年代が4－2－4、60年代が4－3－3となるわけだが、WMは60年代でもけっこう根強く残っていた。つまり、30～40年ぐらい3バックの時代があった。

DFが2人から3人に移行したのはオフサイド・ルール改正がきっかけだったが、3人から4人への増員では戦術的に2つの流れに分かれることになる。1つはWMのマンツーマンによる守備を踏襲したスイーパー・システム。もう1つは、ブラジルが広めた4人のゾーンディフェンスだ。

WMシステムでは、3バックへの変更にともなってハーフバックから1人をディフェンスラインへ下げた。イングランドではセンターハーフを下げたので、センターバックの選手をさして「センターハーフ」と呼ぶ習慣がしばらく残っていた。余談だが、オランダは4バックから3バックへの変更でセンターバックを中盤の底の位置へ上げているので、いわゆるボランチの選手を「センターバック」と呼ぶことがある。何だかややこしいが、それぞれのポジションの由来がわかる。

さてスイーパー・システムだが、実はWMと発生のタイミングはそんなに変わらない。普通に考えれば、FW3人に対してマンツーマンで守る3バックよりも背後にスイーパー（掃除人）を置いたほうが守備の強化になる、だからスイーパーが流行した、となる。実際、スイーパーが流行した理由はそうだと思うのだが、その発生はWMの3バックではなく、その前の2バックからなのだ。

スイーパーの考案者はオーストリア人のカール・ラパンといわれている。

ラパンは首都ウィーンのクラブでプレーした後、スイスのセルベッテで最後のシーズンを終えてそのまま監督になった。現役時代のラパンは「ヴェルイラー」と呼ばれていた。語源のヴェルー（verrou）はフランス語の「差し錠」「閂（かんぬき）」のことで、DFの背後で横移動しながら守る様子からつけられたニックネームだった。ラパンは監督になった後も「閂システム」を採用する。英語でボルト、イタリア語ならカテナチオと呼ばれる守備戦術である。

ところが、ラパンが採用したカバーリングバックはWMの3バックではなく、2バックからの変化なのだ。変化のやり方は、ハーフバックのサイドの選手が下りてきて相手のウイングをマークし、2バックは中へ絞って1人がセンターフォワードをマーク、残りの1人がスイーパーになる。つまり、DFの人数が3人になってから増員したのではなく、2バックの状態からいきなり4バックになっている。

ちなみに、両サイドのハーフバックが下がるとともに、インサイドフォワードも下がって来るので、守備時のフォーメーションは4－3－3だった。攻守でポジションを移動するトランスフォーム型であり、1930年代の戦術としては相当に画期的だったといえる。まだテレビもない時代、ラパン監督の戦術は「謎のシステム」といわれていた。まあ、ようやくWMという時代に、攻守でポジションを移動させる戦術は先進的すぎたのだろう。

イタリアで「カテナチオ」が流行するのが10年後ぐらい、40～50年代にはじまって主流システムになっていく。

相手のアタッカーが3人ならDF3人がマンツーマンでマークして、背後にリベロが余る。

ＦＷが４人ならＤＦ４人＋リベロ。この形は１９９０年まで変わっていない。少なくともイタリア代表はずっとこのやり方だった。ＤＦはリベロ＋ストッパーの４バックだが、ＭＦにもほぼ守備専門の選手が１人いて、さらにもう１人、運動量が多くてマンマークに長けているＭＦを配する。つまり守備要員が６人。

攻撃のメインキャストは2トップ、中盤からサイドへかけて動くワーキング・ウインガー、パスワークの中心になるプレーメーカーの計４人。各ポジションに起用される選手の特徴もだいたい同じで、例えばワーキング・ウインガーとしては70年代がフランコ・カウジオ、80年代ブルーノ・コンティ、90年代がロベルト・ドナドーニ。プレーメーカーならサンドロ・マッツォーラ、ジャンカルロ・アントニオーニ、ジュゼッペ・ジャンニーニという系譜があった。左のサイドバックだけがなぜか攻撃型というのも踏襲されていて、ジャチント・ファケッティ、アントニオ・カブリーニ、パオロ・マルディーニ。なぜかいつも二枚目が起用されているのは偶然だと思うが…。

この間、３バックか４バックかという論争がイタリアであったという話は寡聞にして聞かない。マンマークで1人余るという原則さえ守られていれば、結果的にＤＦが何人かは問題にならないからだ。90年イタリアW杯の時代は、対戦相手が純然たる2トップというケースも多かったわけだが、そういうときには右サイドバックのジュゼッペ・ベルゴミが中央へ入ってマークしていた。ベルゴミが絞ったことで空く右サイドは、ＭＦが引いてきて埋める。守備から攻撃になるとベルゴミは右サイドバックの位置へ移動し、ＭＦも移動する。右サイドバックを絞らせる対応がメインだったのは、たぶん左サイドでこれをやると左利きのＭＦが必要になるからだと思う。左利きはやはり数が少ないので、右サイドバックにセンターバックをやれる人材を置いて、右側で調整していたものと思われる。

守備戦術がマンツーマンの場合、ＤＦの数が何人かはあまり問題ではない。マンツーマンでついて１人余るという原則があるだけだ。一方、ゾーンディフェンスの場合は３人か４人か５人かで根本的に違ってくる。

ゾーンといっても、完全なフラットバック方式になるのは１９８０年代の後半であって、ブラジルのゾーンディフェンスのライン形成はダイアゴナル（斜め）が基本だった。ボールを持っている相手に対するマークと、斜め後方でのカバーリング、さらにそれを斜め後方でカバーするのでラインが斜めになる。マークの受け渡しはするものの、自分のゾーンに入ってきた相手をマンマークするのだから見た目はマンツーマンと大差はない。ただ、フィールドの横幅を守るのに何人が適当かというと、だいたい４人が相場になっていった。３人では足りず、５人なら足りるけれども守備的になりすぎる。もちろん状況に応じて２人しか残らなかったり、６人でラインを形成することもあるが、基本は４バックに落ち着いている。

開花しなかった80年代の３－５－２

世界のトップレベルではWMから４－２－４、４－３－３、４－４－２とフォーメーションは変化していった。３－５－２が出てくるのは１９８０年代に入ってからで、有名なのは１９８４年にフランスで開催されたヨーロッパ選手権に出場したデンマークだった。

このころの主流システムは４－４－２。デンマークは相手の２トップにマンツーマンのマークをつけ、背後をリベロのモアテン・オルセンがカバーする３バックを採用した。中盤の左右にサイドバックを兼ねるウイングバックを起用したのが特徴である。マンツーマン型の守備戦術は、相手選手をマンマークして１人余るのが原則だから、２トップが主流になるにつれて３バックというのは自然ななりゆきといえる。

日本代表が３－５－２に本格的に着手したのは、横山謙三監督のときだ。代表監督就任が１９８７年、当時の日本リーグでは一般的なシステムではなく、３－５－２は横山監督の代名詞のようになっていた。ところが、監督本人に聞くと「システムにこだわりはなかった」と言う。「対戦相手に２トップが多かったので、それに対応するためでした」

実は前任の石井義信監督のときにも３－５－２はやっていた。石井監督が３バックを使った理由も横山監督と同じである。

「相手の2トップに対してはマンツーマンで3バックにするか、4バックのラインディフェンスかの選択だったわけですが、日本選手には3バックのほうが合っていると考えた」

マンツーマン型の守備の2トップ対応が3バックというのは、必然的な流れといっていい。ただ、問題はウイングバックの人選だった。

石井監督は、当時まだ日本では知られていなかった3バックについて、マツダのコーチだったハンス・オフトやベルダー・ブレーメン（西ドイツ）から日本に戻ってきた奥寺康彦に聞いて、その機能性をレクチャーしてもらっている。ブレーメンのオットー・レーハーゲル監督にも尋ねたところ、

「奥寺みたいに50メートルを何度も往復できる選手がいればやれる」

と、言われたそうだ。

石井監督がソウル五輪出場を賭けた中国とのホームゲームで起用したウイングバックは水沼貴史と奥寺康彦。左の奥寺はこのポジションを熟知していた。右の水沼は奥寺以上に攻撃型である。ただ、この2人と2トップ（原博実、手塚聡）以外は全員がDFという和製カテナチオとでもいうべき守備的な戦術を採った。本職が左サイドバックの都並敏史がトップ下という、異様なほど守備的な編成。中国にアウェーで先勝していたために、日本は引き分けで勝ち抜け

という状況だったからだ。

しかし、日本は中国に0－2で敗れ、あと一歩で五輪出場を逃してしまう。それまで日本の行く手を常に阻んできた韓国は五輪開催国で予選に出場しておらず、日本にとってはメキシコ五輪以来の出場チャンスだった。中国に先勝したところまでは目論見どおりだったのだが…。石井監督の3－5－2は、当時それほど話題にもなっていない。システムうんぬんよりも、最後の中国戦での超守備的戦法の印象が強く、それ以上にそこまでやって負けてしまったショックのほうが大きかった。

後任の横山監督の3－5－2は、やり始めた段階から〝ダメだし〟を食らっている。88年5月のキリンカップでフラメンゴに1－3と完敗、試合後の会見で日本について聞かれたフラメンゴのジーコは、

「インサイドキックで近くの味方に正確なパスを出すこと」

と、ある意味屈辱的なアドバイスをしていた。システム以前の話である。ただ、横山監督の3－5－2は石井前監督のカテナチオとはかなり違っていた。ウイングバックにFWの選手を起用するのは石井監督時代もあったが、横山監督はより攻撃的なタイプを起用している。平川弘、佐々木雅尚、福田正博といずれもスピードのあるアタッカーだ。パスをつないで中央を崩せる見込みは薄く、攻撃のポイントはサイドアタックだった。そこで守備にはある程度目をつ

むっても、攻撃力のある選手を起用したかったようだ。

ちなみに、当時の日本の技術レベルはアジアの中でも高いほうではなかった。韓国、中国はボールテクニックについては格上で、日本は相手にボールを支配されることを前提にチーム編成を行うことがほとんどだった。

「タイ、シンガポールよりも優れているとはいえず、日本よりはっきり個人技が下だったのはカンボジアとマカオぐらい」

石井前監督の認識では「アジアで日本より個人技が下というチームはあまりなかった」という状況だった。目先の試合で結果を出そうとすれば、がっちり守ってカウンターということになるのは無理もなかったわけだ。しかし、後任の横山監督は、「それでは将来がない」と考えて若手を抜擢して長期的な強化を図った。いわば、現実路線から育成路線に舵を切ったわけだが、そこにはどうしても無理が出てくる。当初は新システムの3－5－2が機能せず、そのために横山監督の戦術は批判されたのだが、システムうんぬん以前に強化方針自体に無理があったのだ。無理を承知でやっていた。

3－5－2の要になるウイングバックは、もともとそういうポジションがあったわけではない。ヨーロッパでもいろいろなタイプが起用されている。サイドバック出身、あるいはMF、はたまたウイングプレーヤーを持ってくるなど、チーム事情によってまちまちだった。このシステムで大きな成功を収めた西ドイツ代表のアンドレアス・ブレーメ、シュテファン・ロイターは、このポジションの完成形といっていいだろう。レーハーゲルが言っていたという「50メートルを何度でも往復できる選手」である。そして素晴らしいクロスボールの精度と、中盤でのパスワークにも長けていた。スピードと並外れたスタミナ、サイド攻撃のセンス、さらに守備力に構成力と、かなりハードルの高いポジションで、世界のトップでもそんなにドンピシャの人材はいなかった。

当時の日本は、攻撃ができる選手は守備ができず、守備力があれば攻撃は期待できないのが普通だった。アジアで日本より個人技が低い国を探すのが難しい時代と書いたが、技術のある選手は日本にもいた。木村和司、金田喜稔、風間八宏、水沼貴史など、80年代には技術の高い選手が台頭している。しかし、日本がボールを支配するような試合は当時ほとんどなかった。香港あたりでやっと五分、韓国や北朝鮮が相手だと守勢に回るのが常だった。ＭＦやＦＷにタレントはいても、後方からきちんとパスをつなげない、ビルドアップできないので、安定的にボールを運べなかったのが大きな要因だった。守勢になるとわかっている試合で、前方にテクニシャンを並べても効果は出ない。守れる選手が必要で、しかしそうなると攻撃が手薄になってしまう。要は総合力が足りなかった。オールラウンドな能力が必要とされる3－5－2の時代に、それに適応できる人材がまだ少なかった。

日本がまともにビルドアップできるようになるのは、横山監督が退いてハンス・オフトが初の外国人監督となる1992年以降である。オフト監督の指導により、日本代表は劇的な進化を遂げている。

急にパスが回るようになった。実はDFのメンバーは横山前監督時代とほとんど同じである。井原正巳、柱谷哲二、堀池巧は全く同じで、都並敏史だけが石井前々監督時代からの代表復帰だった。オフト監督はトラアングル、コンパクト、アイコンタクトといったわかりやすい英語を使って指導していった。それまでも何となく知っていたものの、言葉になっていなかった事象を明確に示した。すると、日本はビルドアップできるようになった。それまで劣勢を強いられていた韓国や中東勢に対しても、主導権を握ってプレーできる立場に一変したのだ。ビルドアップが向上したことで、アジアにおける日本の立場は一転したといっていい。

はじめに言葉ありき。オフト監督の一手は一手にすぎないが、それによって手札がすべて反転するような劇的な一手だった。言葉によってプレーが整理され、整理されたことでそれまで発揮できなかったポテンシャルが開花した。

ここからの右肩上がりの成長は本書の主題ではない。記しておかなければならないのは、オフト監督から日本代表の守備戦術が変わったということだ。オフトが導入したのはゾーンの4バックだった。石井、横山と続いたマンツーマン型の3バックはここでいったん終了している。

オフト監督も3－5－2を使ったことはあるが、ほとんどの試合は4バックだった。

3バックか4バックか

オフト監督が導入したゾーンの4バックは、次のパウロ・ロベルト・ファルカン監督に引き継がれている。ファルカンはブラジル代表監督を務めた後に日本代表監督に就任しているが、ブラジル代表監督の前はイタリアで解説者をしていた。ちょうどACミランのプレッシング戦法が猛威をふるっていたころだ。4人のディフェンスラインを高く保ち、フィールドプレーヤーをコンパクトにして攻守の主導権を握る最新の戦術に関して、ファルカンは解説者として豊富な知識を持っていたと考えられる。日本の監督に就任したときにやろうとしていたのもミラン型の4－4－2だった。

しかし、当時の日本はヨーロッパの標準になりつつあった戦術をこなすには力不足で、ファルカン監督は活動期間わずか6カ月、9試合で退任してしまう。実質的にはスピード解任だった。前任のオフトはW杯予選を勝ち抜くことだけを考えてチームを作ったが、ファルカンはW杯で戦えるチームを念頭に当時のモダンサッカーを導入した。本大会を見据えてチーム作りに着手したはじめての監督だったといえる。ところが、まさにそれが短命に終わった要因でもあったと思う。世界のトップと日本の間にあったギャップに落ちてしまった。要求が高すぎたのだ。

次の加茂周監督も、ファルカンと同種の戦術を導入している。しかし、ファルカンほどハデに失敗はしなかった。少なくとも全然できないということはなかった。

加茂は横浜フリューゲルスの監督として、すでにプレッシングを指導した経験があった。マンマーク方式に慣れている日本選手に完全ゾーンの守備感覚を植え付けるための方法論を持っていて、当初はかなり極端な形でプレッシングを敢行させている。その後に調整していくのだが、とりあえずプレッシングは形になっていった。

当初のフォーメーションは4－4－2。だが、やがて3－5－2へ変化した。これは加茂監督が掲げた「ゾーンプレス」が徐々に色あせていった過程を暗示している。

加茂監督が横浜フリューゲルス時代に採用していたフォーメーションは3－5－2だった。だから4バックか3バックかは、プレッシングの成否に直接の関係はない。日本代表が4から3へ変化した理由はロングボール対策だった。相手が中盤をとばしてロングボールを使ってくればプレッシングは効かない。DFで跳ね返せれば問題ないのだが、そこに不安があったためにリベロを復活させて3バックに変化した。しかし、リベロを置くことで全体が間延びしやすくなり、プレッシングの要諦であるコンパクトネスは失われてしまった。つまり、3バックへの変化は加茂監督が導入した看板戦術であるプレッシングの後退を意味していたわけだ。

プレッシングはパスをつないでくる相手には効果もあり、ヨーロッパや南米のチームに勝利することもあった。ところが、アジアでは意外に苦戦した。アジアの対戦相手は最初から中盤でつなぐのを諦めてロングボールを蹴ってきた、あるいはカウンターを狙ってきた。せっかくプレッシングを身につけても、パスをつながない相手では効果を発揮できない。世界標準に乗り遅れまいと導入した新戦術だったが、それに特化しすぎたことでアジアでの戦いを苦しくしたように思える。

結局、加茂監督はW杯予選の途中で解任となり、コーチだった岡田武史が監督に就任する。岡田監督は短期間でチームをまとめてプレーオフの末にフランスW杯への出場を決めるのだが、その間にも3バックか4バックかの議論があった。予選では3バックが上手く機能せず、途中で4バックに変えてから結果も内容も良くなっていた。そのために4バックのほうがベターという感触を選手たちも持っていた。

いうまでもなく、3バックか4バックかは本質的な問題ではない。形よりも運用の問題で、当時の日本は3バックだと陣形が間延びしてしまうのが弱点だった。日本選手は近い距離でプレーしたほうが連係をとりやすく、距離が遠くなって1対1の勝負に巻き込まれるとアジアでも不利だった。3バックが間延びしやすかったのは、背後をカバーするためにリベロを使うと、ラインコントロールが効きにくかったためだ。3バックでもコンパクトにプレーできるようになったのは、次のフィリップ・トルシエ監督の時代から。まだラインコントロールのノウハウが十分に理解されていなかった。

予選では4バックを採用していた岡田監督だったが、本大会では3バックの3－5－2に変えている。井原正巳が中央でリベロ役、秋田豊と中西永輔が相手の2トップをマンマークする形だった。ただ、3人がフラットになってラインを押し上げる形もあり、予選時の間延び問題はある程度改善されている。しかし、結果はアルゼンチンとクロアチアに0－1、ジャマイカに1－2と3戦全敗に終わった。

フラット・スリー

1998年のフランスW杯に初出場した日本は3戦全敗だった。次は自国開催の2002年大会、開催国として恥ずかしくない成績が求められていた。目標はW杯に出ることから、グループリーグ突破へと一気にハードルが上がったわけだ。

「世界を知っている監督」

W杯本大会の指揮を執るにあたって「世界を知っている」として招聘されたのがフィリップ・トルシエ監督である。トルシエはフランス人だが、主なキャリアはアフリカでのもの。アフリカは知っていても世界を知っているかどうかは微妙だったのだが、日韓W杯ではベスト16へ進む快挙を成し遂げた。それまで開催国が上位進出を外したことはなかったし、グループリーグの組み合わせに恵まれたのも確か。さらに共同開催国の韓国がベスト4まで進んだこともあって、その功績は過小評価されがちだが、2回目のW杯でベスト16はやはり快挙といえる。

トルシエ監督といえば「フラット・スリー」が代名詞になっていた。

ただし、横山監督が採用したリベロを置いたマンツーマン型の3バックとは違い、その名のとおり3人のDFが横一線に並ぶフラット・スリーは、ゾーンディフェンス系統の守り方である。フラット・フォーの3バック・バージョンなのだ。その点では、ゾーンの4バックを採用したオフト監督の時代から、プレッシングの導入を図ったファルカン監督、加茂監督の流れは、偶然にも継続されていたといえる。

ただ、プレッシングを消化しきれなかったファルカン、加茂時代とは違い、トルシエ監督のチームはしっかりとモノにできた。選手の質が変わったこともあるが、大きかったのはトルシエ監督の指導力である。プレッシングの肝になるラインコントロールに関してのノウハウが段違いだった。

例えば、オフト監督は「コンパクトにしろ」とは指示し続けたが、どうやってコンパクトにするかは選手たちに任せていた。一方、トルシエ監督はコンパクトにするための方法論がはっきりしていて、マニュアルが明確で非常に緻密。3バックの呼吸がピタリと一致するまで満足せず、許される誤差は数センチだったそうだ。簡単にいえばオフトが「この結果を出せ」だったのに対して、トルシエは「言うとおりにやれ」という方式であった。

当初は選手もメディアも面食らっていた。まず、ゾーンディフェンスに関する知識が乏しかった。「人」への意識の高い守備に慣れていた選手にとって、頭では理解していても違和感のある守り方だった。もう1つは、トルシエ監督の高圧的な態度への反感である。練習方法はそれまで日本では見たこともないもので、何をやっているのかよくわからないうえに、頭ごなしに叱りつけるようなコーチングに、選手もメディアも戸惑うか反発心を抱くか、いずれかの反応だった。

当時の山本昌邦コーチは「教えられたのではなく、鍛えられた」と、トルシエ監督下の4年間を振り返っている。

日本が初出場した98年W杯には、トルシエも南アフリカの監督としてW杯デビューを果たしていた。ナイジェリアやブルキナファソなどを率いて「白い呪術師」の異名をとったアフリカのスペシャリストだったが、南アフリカはグループリーグで敗退、トルシエ監督の指導法は選手やメディアの反発を招き、帰路の空港にはファンが武器を携えて待っていたという（トルシエ監督は別の通路から脱出）。厳しい経験をしたW杯の直後に来日したこともあって、トルシエ監督は緊張感を維持していた。開催国で予選がなく、いきなり本大会を迎えることになる日本にとって、W杯の修羅場の感覚を維持している指導者が来たのは幸運だったかもしれない。W杯は純粋な力比べというより、気候や移動、独特のプレッシャーとの戦いという要素が入ってくる。ヨーロッパのリーグ戦やCLを経験している選手でも、W杯はもう一段プレーの激しさが違うと感じるそうだ。W杯では戦う力が必要で、日本はサッカーを教えられるのではなく、鍛えられる必要があった。

ただ、それとは別に、トルシエ監督のハイテンションは、戦術を遂行するうえで欠かせない要素でもあった。

3バックが横一線のまま上下動を繰り返すフラット・スリーは、ラインの裏をとられれば即GKと1対1のピンチに陥るリスクのある守備戦術である。ラインコントロールの失敗は許されず、緊張感を要求される守り方だった。一歩間違えば自分たちを傷つける諸刃の剣。緻密さと集中力が不可欠で、監督のもたらす緊張感は必要だったといえる。

トレーニングで顔を真っ赤にして怒鳴り散らす様子から、新聞に「赤鬼」と書かれたりもした。選手を殴ったり、無茶な要求をつきつけることもあった。ただ、そうした理不尽さは、取り扱い注意の戦法を安全運転するための必要悪だったという解釈もできるだろう。

フラット・スリーの根幹は3バックのラインコントロールである。

3人がセットになってラインを押し上げ、少なくとも相手の先頭にいるFWをオフサイドポジションに置く。そうすることで3バックより前方のエリアに数的優位を作り出し、プレッシングの効果を上げる、これが最も簡単なこの戦術の説明になるだろうか。

問題は、いつ、どういうときにラインを上げる（または下げる）か。

トルシエ監督が常に繰り返していたトレーニングとして、ペナルティーエリアぐらいの広さの長方形に11人を配置し、ボールへのプレッシャーとカバーリングの動きを確認するメニューがあった。初期の段階では、多くの時間がこの練習に費やされていた。相手はつけず、ボールを持ったトルシエ監督が適当な場所に止まって合図する。すると、最も近いポジションの選手が素早く寄せてプレッシャーをかけ、周囲の選手がカバーリングポジションをとる。これの繰り返しだった。

監督がボールを体の前に保持しているときは、3バックはラインを上げる。体の後ろに隠したときはさらに上げる。しかし、ボールを投げるモーションをしたときは下げる。つまり、相手がプレッシャーに対して半身になったときは前方へフィードする可能性が低いので思い切ってラインは上げる。一方、プレッシャーがかかりきらずにロングボールを蹴る可能性があるときはラインを下げる。フラットラインの弱点は1本のパスで裏を攻略されてしまうことなので、これには細心の注意が必要だからだ。トルシエ監督は「3メートル・コンセプト」と言っていた。ラインを下げるときは、相手のトップよりも3メートル後方までラインを下げる。ここまで下げれば、1発で裏をとられる危険はない。その距離が「3メートル」と明確に決まっていた。

相手がドリブルしてきたときは、一気にカバーリングの距離を縮めて囲い込む。当然ラインは上げる。バックパスしたときもラインアップ、しかしバックパスを受けた相手がフリーなら再び下げる、下げ幅は相手の先頭から3メートル。長い距離の横パスにはラインアップ、ボールが届くまでの時間に上げられる。もちろんパスが到着した先の相手がフリーなら、ラインは3メートル・コンセプトに則ってダウンする。

ラインをいつ上げて、いつ下げるか。非常に明確だった。ただ、ボールの場所によってDFの体の向きが決まっていて、細かいラインの上げ下げも3人がぴったり揃えるよう厳しく要求されていた。誤差については「数センチ」、スモールフィールドで相手をつけないプレッシングの練習は、ほとんどマスゲームのリハーサルみたいに見えたものだ。

3人がフラットになっていなければならない理由は、そうしないとラインコントロールを迅速にできないからだ。例えば、相手のロングボールが予想される状況で、フラット・スリーは3人全員がFWより3メートル後退するが、ボールが手前に落ちたときにはFWがDFより3メートル手前でフリーになってしまう。ならば、1人だけが後方のカバーに下がり、残りの2人はFWをマンマークしたほうがよさそうにも思える。実際、このころはマンツーマン方式のリベロでも常に背後にいるというより、適宜にフラット化したり下がったりする動き方が主流になっていた。しかし、このリベロ方式だと再びラインアップする段階でリベロが余分な運動量を強いられる。リベロが下がっている状態からラインアップするなら、リベロの到着を待たなければならない。ラインにギャップができる危険があった。3人セットならギャップは生まれず、上下動が機敏に行える。このあたりは一長一短あるが、トルシエ監督は3人セット方式を採用していたわけだ。

もともとフラットライン戦術はACミランがアリゴ・サッキ監督の下で完成させたもので、ミランは4バックだった。この戦術を採用するチームもミランに倣って4バックが標準である。ラインコントロールの原理は4バックでも3バックでも同じ。では、なぜトルシエ監督は3バックを採用したのか。理由の1つは、4人よりも3人のほうが統制がとりやすく、一糸乱れぬ同時性を獲得するには3人のほうが容易だからだ。もう1つは、日本のセンターバックの能力から、中央の人数は2人よりも3人のほうが固いと判断した。トルシエ監督もインタビューでそう回答している。

3対6の数的不利で守る練習もよく行っていた。

「ストッピング」といって、3人の中央のDFが前に出て相手のドリブルを迎え撃ち、残りの2人が中央へ「3メートル・コンセプト」に従って絞る。これでスルーパスのコースを消して外へボールを吐き出させる。外からのクロスに対しても3人がフラットラインを形成して跳ね返す。動き方が飲み込めてくると、中央さえしっかり固めていればそんなに失点しないことが選手にも実感できてくる。「3人だけでも守れる」と、トルシエ監督は豪語していたが、まんざら根拠がないわけでもなかったのだ。

見た目は危ういのだが意外とやられない。入れられそうで入れられない。その境地に達するまでそれなりの時間はかかったが、やがて着実に成果を出していった。

3から4へ、さらに4から3へ

トルシエ監督の4年間は一貫して3バックでプレーした日本代表だったが、次のジーコ監督になると4バックに回帰している。フラットラインの守備戦術も継承されなかった。

トルシエ監督はワールドユース(現在のU-20W杯)で準優勝して戦術のプロトタイプを示し、シドニー五輪ベスト8、アジアカップ優勝、コンフェデレーションズカップ準優勝と実績を重ねて軌道に乗せた。

しかし、W杯本大会ではベルギーにフラットラインの裏をつかれて2-2の引き分け、次のロシア戦では選手たちがラインの位置を下げる修正を行って勝利した。トルシエ監督のフラット・スリーは選手選考も兼ねているところがあって、この戦術に順応できるか否かは代表チームに定着できるかどうかのポイントにもなっていた。戦術については妥協のない監督であり、選手主導で戦術を変える余地などはないはずだった。それが本大会に入ってから、選手間の話し合いによって監督に無断で重要な変更をしたのは、すでに選手選考が終わったW杯期間中だったからにほかならない。

フラット・スリーの特徴は〝やられそうでやられない〟ところにあった。

3バックがフラットなのは一目瞭然、対戦相手は空いているラインの裏を狙いたくなる。ところが、それを意識するとかえってミスが出た。ライン裏という弱みを見せている一方で、ラインコントロールは精密で見かけより穴がない。そこに気づかないまま攻め落とそうとすると、日本の術中にはまってしまう。そうした性質を持っていた。

アジアでの効果は絶大だった。相手は日本が何をしているのか理解しておらず、為す術がなかった。ただ、力の差を見せつけて優勝した2000年アジアカップでも、決勝のサウジアラビア戦は1－0である。サウジアラビアは緒戦で対戦して1－4と日本に叩きのめされていたのだが、決勝は2度目だったので食い下がることができた。

ヨーロッパはプレッシング戦法の発祥地である。当時の日本ほどこまめにラインを上げ下げするチームは珍しかったが、戦術自体のメカニズムはよく知っている。わかってしまえば、日本の仕掛けた罠には引っかからない。ベルギーに2失点した日本選手は、自分たちが研究され、戦術の威力が半減してリスクが増大していることを実感した。そこで、急遽ラインを下げて裏のスペースを小さくする変更に踏み切ったわけだ。

日本はロシア、チュニジアに連勝してグループリーグを首位通過。決勝ラウンドではトルコに0－1と敗れたが、ベスト16で開催国のメンツは立った。トルシエ監督は任期満了で退任、ジーコ監督が迎えられた。

ジーコ監督は前任者の全否定から出発したといっていい。高いフラットラインは解消されて「1人余れ」という守備戦術に。コンパクトな陣形とプレッシングではなく、ブラジル式の4－4－2と中盤のタレントを重視した構成に変化した。

世界標準の戦術にキャッチアップするという強化の流れも、ジーコ監督から変化していくことになる。

世界標準よりも、日本の特徴を生かした独自路線の追求がメインテーマとして浮上した。オフト、ファルカン、加茂（岡田）、トルシエと続いたコンパクト指向の中では、トルシエ監督のチームが最も世界標準的ではあったが、それでも世界の流れには遅れている。浅いフラットラインの弱点は、すでに1998年フランスW杯で明らかになっていて、それ以降はラインの位置を低く設定する流れになっていたのだ。背水の陣のようなフラット・スリーはほぼ4年遅れのトレンドだったといえる。世界標準にキャッチアップしようとする以上、後追いになるのは避けられない。日本だけでなく世界も前進するので、追いついたと思っても新たな差が生まれていて永遠にキャッチアップできないわけだ。

世界標準に追いつけではなく、日本らしさを追求しようというのは、ジーコの次のイビチャ・オシム監督のときに明確化されるテーマ設定だが、ジーコ監督も「日本選手の特徴を生かす」と明言していた。

ジーコの守備戦術は、前任者のトルシエとは大きく違っていた。オフト以来、曲がりなりにも継続されていた流れとも違っている。「1人余れ」という考え方はオフトの母国オランダの方式と同じだが、オフトの率いたチームはフラット・フォーに近い守備戦術だった。横山時代に戻ったといっていいかもしれない。

ブラジル式の4－4－2でスタートしたジーコ監督のチームは、途中で3－5－2に変わっている。もちろん、3バックといってもトルシエ前監督のやり方とは違っていて、相手の2トップをマークしてリベロが余る方式だ。しかし、W杯では緒戦のオーストラリア戦を3バックで落とすと、次のクロアチア戦から4バックに戻している。ジーコにとってDFの数問題は、相手によって変えるというより、むしろ自分たちの都合だった。

勝っているかぎりメンバー変更をしない監督で、3バックで勝ったらメンバーもフォーメーションも継続している。逆にメンバーを代えたときは、相手に関係なくフォーメーションを選手に合わせて変えていた。ベストの11人をフィールドに送ることが先決で、フォーメーションはそれに合わせて決めるというやり方だった。まず自分たちありきのサッカーである。

ジーコ監督のときにかぎらず、日本の課題はアジアとW杯のギャップをどう埋めるかだと思う。

アジアではボールを支配できる、つまりフォーメーションが噛み合っていなくても合わせるのは主に相手のほうなので、自分たちのフォーメーションはこちらの都合で決めてしまっても支障はない。ところが、W杯のレベルになると日本のボール支配における優位性は必ず下がる。相手の攻撃を食い止めるためにより多くの時間と労力を使わなければならない。そこを上手く調整できたときはW杯でも五輪でも好成績を残すが、自分たち本位で乗り切ろうとしたときは失敗するというのが現在までの傾向だろうか。

つまり、「日本らしいサッカー」といっても、アジアでのそれとW杯では違ってくるということだ。

ビエルサ的なオシムのサッカー

06年ドイツW杯は1分2敗でグループリーグ敗退、退任したジーコ監督の後を受けたのはジェフユナイテッド市原千葉のイビチャ・オシム監督だった。

現職の監督を代表に引き抜くのも異例なら、当時の川淵三郎会長が交渉前から名前を漏らしてしまう失態もあり、波乱含みの監督就任だった。とはいえ、オシムの招聘はおおむね好意的に受け取られていたと思う。Jリーグでの実績があったからだ。

ナビスコカップ優勝以外にタイトルはないものの、オシム監督のジェフは万年中位から優勝争いに加わる強豪クラブに変貌していた。このときの戦術は、のちにマルセロ・ビエルサが率いたチリ代表やアスレティック・ビルバオ、マルセイユとよく似ていた。

マンツーマンの守備と反転速攻。守備に関しては自陣のDFとアンカーのところは受け渡しありというところも同じだ。アンカーの阿部勇樹を含む後方のパートについては、違う色のビブスを着せて「受け渡していい」というルールでのトレーニングもしていた。

当時のJリーグは2トップが主流だったので3バックが多かったが、相手が1トップなら2バック、2トップなら3バックが原則というところもまったく一緒である。攻守の切り替え、フリーランニングの多用、高いインテンシティと、いずれもビエルサの戦術と共通している。完成度でいえば、現在のマルセイユぐらいだったろうか。

オシムは哲学的な言い回しの「オシム語録」や数奇な人生経験、人間的な器量と知性によって人気のある監督だが、実践したプレーそのものが魅力的だったことは案外語られていない気がする。

トレーニングはすでに記したように、ビエルサとはほとんど正反対だった。ビエルサがあまり対人練習をやらず、ドリル形式が主体だったのに対して、オシムの練習はほとんどが対人練習だった。ビエルサの練習には正解があり、選手はそのとおりにやらなければならないが、オシムの練習は状況が設定されているだけで正解は選手が出さなければならなかった。共通点は使用する道具が多かったことぐらいだろうか。

しかし、不思議なことに試合で披露するプレーは非常によく似ていたのだ。そこへ持っていくための手段が違っていただけなのだろう。

アスレティック・ビルバオでも、実はドリル方式の練習はトッププロだけだった。つまり、ほぼ完成されている選手だからこそ、あの方式でよかったということではないだろうか。ユース以下のチームでは、ビエルサ方式は採り入れていなかった。ユースの選手は、まだ判断力を育成しなければいけない段階だからだ。すでに完成に近づいているトップの選手には正解を与えてしまっても構わないし、正解を出せるようになるまで待つ時間もないので、短期間で戦術を形にするためにああなっていたとも考えられる。

ビエルサとオシムのチームは本当によく似ていた。ただ、日本代表でのやり方はJリーグのときとは少し変わっている。当初はジェフ・スタイルだったのだが、アジアカップでかなり変化した。

マンツーマンはゾーンになり、3バックと4バックの使い分けから4バックになった。フォーメーションは4－2－3－1か4－4－2。中村俊輔、中村憲剛、遠藤保仁のプレーメーカー3人を同時に起用したのもジェフ時代からみれば大きな変化である。もともと「エクストラキッカーは1人か2人」と言っていたのが、フタを開けてみれば3人も使ったのだから。ただし、実はユーゴスラビア代表監督のときも同じようなことをやっている。ドラガン・ストイコビッチ、サフェト・スシッチ、ロベルト・プロシネツキを同時起用しているのだ。

アジアカップの日本は、徹底してパスを回す典型的なポゼッション型だった。ボール支配率は圧倒的で試合中のポゼッションが70パーセントを超えることすらあったが、そのわりにゴールが少ない印象は否めなかった。準決勝でサウジアラビアに敗れ、3位決定戦でも韓国にPK戦で負けて最終的には4位。トルシエ監督のときに2度目のアジアカップ優勝を果たして以後、ジーコもザッケローニもこのタイトルを獲っているので、逃したのはオシムのときだけだ。しかし、得点力がやや足りないという欠点はあったにしても、内容的には常に優位に試合を進めていて、優勝した大会と比べても遜色はなかった。

アジアカップのメンバーは、おそらくW杯予選でも主力になったと思われる。ただし、戦い方もアジアカップのままかどうかはわからない。少なくとも、W杯本大会に関しては何かしらの調整をするつもりだったのではないかと想像する。アジアカップのあった07年の12月に脳梗塞を発症し、オシムは代表監督の座から退いたので、実際にどうなっていたかはわからない。だが、常に相手を考えて対処することを忘れないタイプの監督だったから、相手のレベルが違うW杯でアジアカップと同じやり方をするとは思えないのだ。

アジアカップのときも本大会までは違うやり方だった。

その年の2月にスタートしたキャンプのときから準備はしていたが、本大会までプレーメーカー3人の同時起用は封印している。MFに阿部勇樹と鈴木啓太の2人を起用していて、相手が2トップのときは阿部がFWをマークして3バックを形成し、アンカーに鈴木が入る形だった。阿部で2バックと3バックの調整をしていたわけだ。アジアカップでは阿部が中澤佑二と組んで2バックとなり、鈴木はアンカーとして固定している。鈴木とともに中盤の中央を担当したのは中村憲剛だ。中村俊輔は所属のセルティックと同じく右サイドに起用され、遠藤はMFの左か、4－2－3－1のときのトップ下だった。つまり、2バックと3バックの調整を行うための選手は置いていない。

アジアカップまでは相手のフォーメーションに合わせられるような編成だったのに対して、アジアカップでは相手にほぼ関係なく組んでいる。自分たちがボールを支配できるという前提があったからだろう。グループリーグの開催地が酷暑のベトナムで、その他の共同開催国もインドネシア、マレーシア、タイという事情もあったに違いない。インテンシティに重きをおくような戦い方ではスタミナの消耗が激しすぎるからだ。ちなみに大会前に十分なフィジカルトレーニングを行える日程的な余裕もなかった。

アジアカップのスタイルはアジア仕様であって、W杯本大会を想定するとまた別の顔をみせていた可能性は高い。ジェフのときのやり方と、ジェフではやれなかったアジアカップのポゼッション型、それをミックスしたようなサッカーになっていた気がする。

オシムが病気で倒れた後、岡田武史が代表監督に就任。緒戦がチリとの親善試合で、2試合目はオシムの故郷であるボスニア・ヘルツェゴビナだった。チリとは0－0、ボスニア・ヘルツェゴビナに3－0で勝利している。このときのチリの代表監督はビエルサだ。チリとは翌年（09年）にも対戦していて、そのときは4－0で日本が快勝している。

岡田監督もチリのサッカーは気になっていたようだが、もしオシム監督でビエルサのチリと対戦していたらどんな試合になっていただろうか。オシムとビエルサが互いをどう意識していたかはわからないが、サッカー観も実践したプレーも非常に似ていた。何らかの化学反応のようなものが起きたのか、そうでもなかったのか。世界的にもあまりやっていないサッカーを目指す2人のマエストロの対決は、当然かなりレアな機会だっただけに実現しなかったのは残念である。

岡田→ザッケローニ→アギーレ

岡田監督の時代に3バックでプレーした試合は希で、ほぼ4バックで一貫していた。4−2−3−1をメインにしてチームを構築し、10年南アフリカW杯では4−1−4−1に変更しているが4バックは変わらず。守備を立て直した日本はグループリーグを突破、パラグアイにPK戦で敗れたがベスト16に進出した。

次のアルベルト・ザッケローニ監督は、W杯以前の4−2−3−1を継承する形でスタート。十八番の3−4−3を試しながらも、4バックがメインだった。そして、14年ブラジルW杯後に招聘されたハビエル・アギーレ監督のチームは4−3−3を基調にチーム作りをはじめている。

日本代表の戦術的な流れを俯瞰すると、前任者のチームをそのまま引き継ぐケースがほとんどない一方で、その少し前の流れは継承している。

アギーレ監督の4－3－3は引いて守るときは4－1－4－1となるので、10年W杯の岡田監督のチームと似ている。前任者のザッケローニよりも、1つ前のやり方を継承する形である。ザッケローニ監督の攻撃型の4－2－3－1は、W杯以前の岡田監督のチームに似ていた。就任当初は「オシム路線の継続」を期待された岡田も、途中で「ここからはオレのやり方でやる」と〝オレ流宣言〟を発しているので、やはり前任者の継承ではない。

監督にはそれぞれの色があるので、監督が代われば戦術やプレースタイルが変わるのは当然である。ただ、日本代表の場合は変わりすぎな感も否めない。自分たちはこれで行くというスタイルをまだ確立できていないからだ。W杯優勝を最終目標とすると、ベスト16程度の成績では〝これでいい〟という結論は出ないわけで、ベスト16にも届かないとなればさらに〝これではダメだ〟となってしまう。どちらにしても、前任者のやり方は全面的または部分的に否定され、さらなる進歩のための第一歩は戦術の変更から始まるというのがこれまでの流れになっているわけだ。しかし、反対の反対は賛成ということで、前任者からは違っているけれども、前々任者の継承にはなっている。それで全体的には三歩進んで二歩下がる方式ながら、不思議と流れはつながっているのだ。

筆者は、これでもまあいいいんじゃないかと思っている。日本のスタイルが確立できてないと書いたが、最初からこれだと決めつけなくてもいいのではないかと。むしろ、決めないほうがいい。前記したとおり、強化のネックになっているのはアジアとW杯のレベル差である。アジアで通用したサッカーがW杯では通用しない。日本の世界における現在地は下もいれば上もいるというポジションであり、上にも下にも対応できなければいけない。そうなると1つのやり方で押し通すのは結局無理が出てくる。

例えば、強豪国にもアルゼンチンのように〝2つの顔〟を持つ国がある。

一時はメノッティ派とビラルド派といわれたものだが、ボール支配力の強い攻撃型の戦術と、堅固な守備とカウンターを軸とした守備型の2つを使い分けてきた歴史があるのだ。78年W杯に初優勝したセサル・ルイス・メノッティ監督の率いたチームは攻撃型だった。しかし、次に優勝した86年はカルロス・ビラルド監督の下、守れる選手を数多く起用し、攻撃はディエゴ・マラドーナ頼みの守備型である。ブラジルW杯で準優勝したアルゼンチンは後者のタイプだった。そのときどきで使い分けていて、アルゼンチンらしいサッカーといっても2つあるわけだ。

スタイルうんぬんといっても、まずは目の前の試合に勝たなければいけない。日本の場合はアジアとW杯というレベルの違う試合がある以上、やはり2つの顔が必要になるはずなのだ。

しかし一方で、前任者のチームの不足ばかりをあげつらって、その反対をやっていけばいいというのでは、本当の意味で反省も検証もないということになる。

トルシエ監督以後、病気で退任したオシム監督を除くと全員が任期をまっとうしている。つまり決して全くダメだったわけではなく、それなりの戦績は残しているわけだ。本来なら、任期の終了した監督の仕事を精査して、よかったところを残しつつ足りなかった部分の補強に努めたほうが建設的である。ところが、現実にはW杯の総括は形式的なものにすぎず、早々に次期監督が決まってしまう。これには事情があって、日本がそれなりの監督を確保しようとすると悠長に総括などしている時間はないからだ。

W杯が終了するのは7月、Jリーグはシーズン中だ。だからこの時点で現職の監督をJリーグから引き抜くことはできない（オシムのときの悪例はあるが）。W杯本大会まで指揮を執らせることを想定すると、過去に代表監督歴があるかヨーロッパや南米のクラブで実績のある監督が有力候補になるが、こちらもフリーでいる間に確保しなければならないからそう時間はない。W杯以前から交渉を開始するか、少なくとも事前に何らかの接点がなければ難しい。

というわけで、日本代表の監督人事は〝まず人ありき〟で、強化方針はいくぶん場当たり的になっている。もちろん技術委員会にまったく強化方針がないかといえばそうではなく、ザッケローニからアギーレへのバトンタッチなどは上手くいったほうだと思う。

ザッケローニ監督は攻撃的なチームを編成していた。戦術もボールをしっかり保持して押し込み、奪われたら相手陣内でプレスして早期回収を狙うやり方である。ポゼッション主体の攻撃では課題になりがちな、引かれた相手をどう崩すかという点でも監督からいくつかのアイデアが提示されていて、ザッケローニ時代の4年間に得点力不足が深刻化したことはほとんどなかった。このチームが残した課題は守備である。

まず、相手にボールを支配されたときの奪回力が不足していた。コートジボワール戦ではこの弱点を露呈している。さらに、相手陣内でのプレスを外されたときの対カウンターの守備力が脆い。こちらはコロンビア戦で如実に表れていた。

後任監督が前任者のチームを土台に発展させるなら、まずは守備の課題に着手しなくてはならない。では、アギーレ監督が前監督の課題に真正面から取り組んでいるかといえばそうではないのだが、結果的に守備の強化に力は入れている。アギーレ監督は間違いなく現実的な強化プランを進めているからだ。

ザッケローニ監督は理想追求型の強化プランだった。対戦相手との力関係よりも、日本の長所を最大限生かす方法を優先していた。その結果、日本らしい理想的なプレーができているのに、イタリアに3－4で敗れるという結果が起きていたわけだ。ブラジル、ウルグアイ、コロンビアといった相手に、日本はいずれも〝らしさ〟を発揮しながら4失点している。つまり、現状でそれだけの差がある。攻撃はある程度通用しているが、守備は通用していない。それを承知で徐々に差を詰めていくのか、それともまずは失点を食い止めて形のうえだけでも僅差の勝負にするのか。

サッカーは得点の入りにくい競技なので、力の差がある相手に対しても僅差の勝負には持ち込みやすい。例えば、0－1で負けることは比較的やれる。ただ、それで満足していたら、いつまでたっても0－1のままになる危険もある。実質的な差は何も埋まっていないからだ。

ザッケローニは理想を追求して、どこまで日本の力が通用するかチャレンジするやり方だった。一方、アギーレは対戦相手との差を認め、まずは守備を固めて僅差勝負に持っていこうとする現実重視型の強化方針である。強豪相手でもボールを支配しようとした前監督時代とは異なり、自陣ではリスクを冒さずロングボールを蹴るように指導している。強豪相手にポゼッションで上回るつもりなどないので、無理につなぐ必要はないわけだ。ミスをしない、失点の可能性を減らすほうが重要である。そうなると、自然と自陣に引いて耐える守備力が必要になるので、ザッケローニ時代の課題の1つには取り組まざるをえない。トップ10に相応しい理想追求型から、目前の状況に対応する現実型に強化方針の舵は切られていて、その点では前監督の否定から入っているのだが、結果的に残された課題の1つに取り組んでいるわけだ。

かなり横道にそれてしまった。日本の「3バック」に話を戻すと、アギーレ監督も3バックを採用する可能性はある。というより、すでに採用している。

就任緒戦のウルグアイ戦の立ち上がりがそうだった。ウルグアイの2トップに対して、短い時間ではあったが3バックで対応している。1トップなら2バック、2トップなら3バックという考え方はオシムやビエルサに近い。ただ、相手が2トップといっても、明確なトップ下がいない場合は2バック+アンカーで数的優位になるので、3バックにはならないこともある。日本を相手に2トップ+トップ下をぶつけてくるアジアのチームはまずないだろうから、アジアでの3バックはないと考えられる。

攻撃時にパスを回すために、アンカーが下がって3バックになる形は頻繁に起きている。守備よりも攻撃で3バックになる機会はある。

W杯本大会を想定すると、日本は4-1-4-1で引いて守備をする形が増えるのではないか。南アフリカW杯のスタイルだ。つまり、岡田監督のチームをスタートラインとして、どこまで改良できるのかがアギーレ監督の仕事になると思われる。

岡田監督のときには1トップに本田圭佑を起用していた。本田のキープ力を頼みに、両サイドの松井大輔、大久保嘉人が押し上げていく。ただ、そこから先はあまり形にならず、松井と大久保が単独で仕掛けてファウルをもらうまでが、辛うじて攻撃の形といえる状態だった。

4-1-4-1で引いた状態から反撃するには、1トップにはロングボールを収められる能力が必要だ。南アフリカ大会での本田は、本来のポジションではなかったが貢献度は高かった。ただし、あのときの本田以上の1トップがいないと攻撃は進歩しないだろう。

ある程度引いて守備をする場合、ハイクロスを跳ね返すDFの能力も問われる。岡田監督時代のセンターバックは中澤佑二と闘莉王で、このコンビは歴代代表でも最強だった。この2人を上回る人材を揃えられるかどうかもポイントになる。

岡田監督の後任となったザッケローニ監督への当初の期待は、攻撃力の上乗せだった。南アフリカではよく守れた半面、攻撃力が不足していたからだ。しかし、ザッケローニ監督は攻撃を改善してくれたかわりに守備を犠牲にしてしまった。アギーレ監督は守備は整備してくれそうだが、そのときに攻撃を忘れてしまっては困る。それでは2010年に戻るだけだ。

日本代表はよくいえば安定期、悪くいうなら頭打ちの時期に入る。閉塞した状況の中で、少しずつでもジリジリと前へ進んでいく強化を続けてほしいものだ。

J2の3バック

日本のクラブでは、かなり3バックが採用されている。

J1ではサンフレッチェ広島と浦和レッズが独特の3バックだ。ただ、同じシステムを使っている広島と浦和は、キックオフ時の並びが3バックになっているだけで、攻撃のときは2バック（4バック）に変化し、自陣に引ききったときは5バックになる。3人のDFが最終ラインを形成するのはキックオフと変化の移行段階しかないので、これを3バックと呼んでいいのかどうかは迷うところだ。

広島の連覇にもかかわらず、J1は4バックのほうが優勢になっている。広島で独自のシステムを作ったミハイロ・ペトロヴィッチ監督と契約した浦和が、広島から選手を補強しながら広島型を吸収した。しかし、他のクラブが真似をするのは難しいシステムであり、それぞれの路線もあるので、広島から浦和への波及効果しかなかった。また、4バックが優勢なのは日本だけでなく世界的な傾向でもある。

ところが、J2になると急に3バックのチームが増加する。

14年シーズンの1、2位で自動昇格を決めた湘南ベルマーレ、松本山雅はともに3バックだった。シーズン中にも試合中にもフォーメーションは変わるので、はっきりとはいえないが、J2に関してはむしろ3バックのほうが多いかもしれない。

少なくともJ1に比べてJ2に3バックが多いのは、守備重視の傾向が強いからだ。3バックというより5バックである。まずはしっかりと守備を固めたい、それには4バックより5バックのほうが手堅い、そういう理由で採用されているケースがほとんどなのだ。守備の重要性にJ1もJ2もないように思えるが、J2の守備重視にはそれなりの事情がある。

J1とJ2の試合を比べたとき、最も目につくのはビルドアップのところである。前線のタレントの違いもあるけれども、それ以前に後方から正確にパスをつないでいくプレーに差がある。これも選手個々の能力の違いに起因しているとはいえ、チームとしてそこまでパスをつなぐ気があるかないかの違いでもある。

後方でしっかりパスをつないでビルドアップしていくこと自体は、おそらくJ2のチームでもある程度はできるはずなのだ。ただ、あえてそれをしない。

後方からビルドアップするということは、相手に引かれてしまう状況を想定しなければならない。相手に守備ブロックを組まれた場合、そこをこじ開けなければならないが、それには技術レベルの高いアタッカーがどうしても必要になる。攻め手はいろいろあるとはいえ、基本的には守備ブロックの隙間にボールをつないで崩していくルートがメインになるわけで、その狭いスペースでパスを受けられる選手がいなければこの攻撃方法は機能しない。

サッカーで完璧な攻守のバランスをとるのは非常に難しい。攻撃を重視すれば守備は穴が空きやすくなり、守備に万全を期せば攻撃はどうしても鈍くなる。

WMの時代ならば、攻撃5人守備5人でフィールドプレーヤーのバランスはとれていた。現在はかつての分業制ではなくなり、守備も攻撃もできる選手の数は増え、守備にも攻撃にも人数を割く。しかし、攻守万能の選手はそう多くいないから、やはりどちらかに偏るわけで、攻守どちらを軸にするかで起用される選手の特徴にも変化が出てくる。J2の場合、J1ほど攻撃力に優れた選手は少ない。守備に重きを置きたいから守備力の高い選手を優先するというより、選手に合わせて編成すると守備型になってしまう。

当たり前の話だが、Ｊ１に比べればＪ２には優れたアタッカーが少ない。そもそも優秀なストライカーなどは年俸も高く、より収入の多いＪ１クラブに優れたアタッカーが集まっていくのは自然である。

Ｊ２は攻撃の人材を揃えにくい。とくに予算の少ないクラブほど、実績のあるアタッカーを何人も並べるのは難しくなる。ビルドアップまではメドがついたとしても、そこから得点を生むための人材がどうしても不足がちだ。となれば、戦術の軸足を守備に置くしかない。また、守備から固めたほうがリスクも少なくリターンも見込めるのだ。

攻撃は個人技、守備は組織とよくいわれる。本当は攻撃にも組織力は必要であり、守備にも個人能力は不可欠なのだが、どちらかといえばやはり守備は組織力である。ポジショニングと連係と走力がポイントだ。特殊な才能よりも組織力なので、守備の構築のほうが攻撃よりも形になりやすいうえに費用もかからない、具体的な成果も出やすい。

もともとサッカーは得点の入りにくいロースコアのゲームだから、守備を強化したほうが計算が立つ。同じ努力をするなら、水物の攻撃よりも守備のほうが確実。攻撃のほうは即効性もあるセットプレーに注力すればいい、というのが予算の少ないクラブにとって強化の定石になる。

J2で3バックを採用しているチームは、前線の構成が1トップ+2シャドーになっているのも見逃せない。

守備のときには両サイドが引いて5バックとなり、2シャドーも守備組織に加わって中盤も4人になる。守備のフォーメーションは5-4-1だ。前線は1トップのみなので、カウンターはやりにくくなるわけだが、狙うのは1トップへのロングパスである。押し込まれている状態からパスをつないで押し返すのは簡単ではない。まずは大きく蹴り返してしまうほうが守備のリスクも少ない。というわけで、J2の1トップには競り合いに強く、高さもあり、ロングボールを拾ってくれそうな選手が起用される傾向がある。

1トップの近くに2シャドーを配置するのは、ロングボールのこぼれ球を拾いやすいからだ。ロングボールによる攻め込みを前提にした2シャドーである。もちろん、守備のときに組織に加われるということもある。

3-4-2-1を最も効果的に使ったのが、勝ち点101のぶっちぎりで優勝した湘南ベルマーレだ。

湘南は走れる選手を揃えてチームを編成し、走力と組織力を生かしたスタイルを作り上げた。シーズン86得点と攻撃力は図抜けている。

攻撃の特徴は思い切った人数の投入にある。まず、サイドの攻略で人数をかけていく。主にサイドアタックを担当するのは2シャドーの1人とウイングバックだが、この2人で足りなければ、3バックの1人も加わって数的優位を作り、クロスボールを入れられる状況を強引に作ってしまう。このときの二の矢、三の矢の打ち込み方が速い。相手は2人が攻め込んでくるところまでは想定していても、最後尾からサイドへオーバーラップを仕掛けられると対応が遅れてしまう。

そしてクロスボールが入ってきた段階でも、ペナルティーエリアへ入っていく人数が多い。通常は3人いれば十分とされているが、湘南は5人ぐらいが入っていくこともある。5人もいれば、多少クロスボールの精度が欠けていても誰かにつながる可能性は高く、こぼれ球を拾える機会も増える。守備側は殺到してくる人数の多さに対処できずにパニックになりがちで、ボールに先に触れる状況でも湘南の人数が多いぶんフリーでクリアできなくなる。アバウトなクロスでもチャンスにつながりやすかった。

攻撃にこれだけ人数をかければ、当然攻守が入れ替わったときの守備は薄くなる。守備から攻撃への切り替えの速さで圧倒しているぶん、相手が自陣に戻りきれずに攻め残っているケースもあり、クリアボールが相手につながった瞬間には湘南が数的不利に陥っていることすらあった。J1に昇格した後のポイントはこのあたりになりそうだ。

Ｊ2ならばリスクをかけた攻撃で圧倒することもできたし、カウンターを食らっても相手が決めきれないことも多かった。しかし、Ｊ1となればカウンターのチャンスを確実にモノにするＦＷが各チームにいる。湘南とすれば、思い切って攻撃に人数をかけたときに得点するか、少なくともシュートで終わる形にしてカウンターを防がなければリスクの大きさに耐えきれなくなる。カウンターを恐れて後方に人数を残せばリスクは減るが、それでは持ち味である攻撃の厚みは作れない。クロスボールを得点にかえるフィニッシュの向上、クロスボールの精度を上げる必要がある。

松本山雅も湘南と似ていて、走力を生かしたプレースタイルだった。バイエルン・ミュンヘンかボルシア・ドルトムントかといえば、間違いなくドルトムント型である。速い攻守の切り替えで局所に人数を投入してアドバンテージを得るサッカーだ。

ただ、14－15シーズンのドルトムントはブンデスリーガで下位に低迷している。負傷者の影響が大きいとはいえ、対戦相手が対策をしっかりしてきたこともあった。引いてスペースを消し、ドルトムントにボールを持たせるチームが増えてきた。それによって、ドルトムントはドルトムントではなくバイエルンのようなサッカーをさせられてしまった。

レバンドフスキをバイエルンに引き抜かれたのも痛い。トップにボールが収まらなくなると、ドルトムントは攻守のリズムを作れないからだ。1トップへの縦パスは常に収まるとはかぎらないが、収まらないときでもドルトムントは速いサポートを行い、サポートの勢いのままプレスして奪い返すことができた。しかし、トップへ収まる確率が下がれば、押し上げて裏をつかれるリスクは増す。だからといって押し上げの勢いが鈍ればドルトムントのリズムは作れなくなってしまう。ヨーロッパの強豪にのし上がったドルトムントだったが、少し歯車が狂い出すと途端に勝てなくなるのだからサッカーは怖い。

湘南や松本山雅もドルトムントと似ていて、長所が欠点に転じてしまうリスクを内包している。だが、限られた予算の中ではおそらくベストの選択をしているといっていいだろう。ヨーロッパほどクラブ間の格差は広がっていないJリーグとはいえ、限られた予算で最大の効果を出している小クラブの希望の星である。

おわりに

普通ではない(ロコっぽい)人々が生み出す3バック

マルセロ・ビエルサがアスレティック・ビルバオの監督として2シーズン目を迎えようとしていたとき、練習場のレサマの改修をめぐってひと悶着あった。プレシーズンのトレーニングをレサマで行うつもりだったビエルサ監督は工期の遅れに激怒した。「こんなに酷いグラウンドで3億ユーロもの価値のある選手たちを練習させることはできない」

ビエルサは現場責任者に「あなたたちは詐欺師だ」と言い放ち、口論になった。最後はビエルサが力づくで現場責任者を部屋から追い出したそうだ。現場責任者はビエルサに殴られたと言い、訴えるつもりだと息巻いていたが、会社やアスレティック・ビルバオからの圧力で思いとどまった。

ここからが〝エル・ロコ〟の真骨頂というか、なんとビエルサは会見を開いて自らを告発したのだ。クラブと会社がもみ消したことを、わざわざ公にしている。自分にこづかれた人には告発する権利があるというわけだ。立派といえば立派だが、やはり変わっている。

マトモすぎて変人の域に入ってしまっている。

ビエルサが憧れたアヤックスを率いたルイス・ファンハールは〝エル・ロコ〟とは呼ばれていないが、ある意味それ以上かもしれない。

バイエルン・ミュンヘンの監督だったとき、上層部からの采配批判に対してファンハールは「決して屈しない」と言い、「なぜなら私にはキンタマがあるからだ！」と、選手たちの前でズボンを下ろしてみせたという。このニュース、流れからして確実にパンツも脱いでいるな。僕がバイエルンの選手だったら、〈この人とはあんまり関わりたくないな…〉と思うに違いない。こちらは動機は立派だとかそういうことではなく、もう理解すらできないというか理解したくない（笑）。

ペップ・グアルディオラも負けていない。バイエルンのスポーツ・ダイレクター、マティアス・ザマーはこう言っている。

「彼は天才だ。良い意味でクレイジーだね」

この本のテーマは「3バック」だったが、オーソドックスな3バックシステムのユベントスなどについては触れなかった。3バックへの興味の源が「普通でない」ことにあるのなら、普通でない3バックについて書いたほうがいいだろうと思ったからだ。そして興味深いことに、普通でないサッカーを推進する監督たちもやはり少し普通ではないようなのだ。

2014年、J2から昇格した3チームはすべて3バックだった。湘南ベルマーレ、松本山雅、モンテディオ山形、この3チームの監督である曺貴裁（チョウ・キジェ）、反町康治、石崎信弘の三方も、変人とまではいわないがやはり少し変わっている。

ロコっぷりに関しては、定冠詞のつくビエルサから天才と紙一重のグアルディオラまでさまざまだが、ちょっと普通でない監督たちの作る普通でないサッカーはとても刺激的で癖になりそうな魅力がある。